医药职业教育创新示范教材

U0741304

保健品开发与管理

专业入门手册

主编　秦泽平

中国医药科技出版社

内 容 提 要

　　本书是医药职业教育创新示范教材之一。作为一本写给保健品开发与管理专业新生的入门指南，分别对保健品开发与管理专业相关行业有关职业的岗位职责、就业前景、发展空间等做了详尽的描述和分析。以简洁的文字介绍了保健品开发与管理专业的知识技能体系框架，概括了保健品开发与管理专业的基本学习方法，为学生将来的学习及职业道路指明了方向。

图书在版编目（CIP）数据

　　保健品开发与管理专业入门手册/秦泽平主编．—北京：中国医药科技出版社，2014.7

　　医药职业教育创新示范教材

　　ISBN 978 - 7 - 5067 - 6848 - 1

　　Ⅰ.①保…　Ⅱ.①秦…　Ⅲ.①保健 - 产品 - 高等职业教育 - 教材

　　Ⅳ.①F763

　　中国版本图书馆 CIP 数据核字（2014）第 118263 号

美术编辑　陈君杞
版式设计　郭小平

出版　中国医药科技出版社
地址　北京市海淀区文慧园北路甲 22 号
邮编　100082
电话　发行：010 - 62227427　邮购：010 - 62236938
网址　www.cmstp.com
规格　710×1020mm$^1/_{16}$
印张　8
字数　105 千字
版次　2014 年 7 月第 1 版
印次　2014 年 7 月第 1 次印刷
印刷　北京市密东印刷有限公司
经销　全国各地新华书店
书号　ISBN 978 - 7 - 5067 - 6848 - 1
定价　25.00 元

本社图书如存在印装质量问题请与本社联系调换

丛书编委会

刘晓松（天津生物工程职业技术学院　院长）

麻树文（天津生物工程职业技术学院　党委书记）

李榆梅（天津生物工程职业技术学院　副院长）

张　健（天津生物工程职业技术学院　教务处副处长）

齐铁栓（天津市医药集团有限公司　人力资源部部长）

闫凤英（天津华立达生物工程有限公司　总经理）

闵　丽（天津瑞澄大药房连锁有限公司　总经理）

王蜀津（天津中新药业集团股份有限公司隆顺榕制药厂
　　　　人力资源部副部长）

本书编委会

主　编　秦泽平（天津生物工程职业技术学院）

副主编　王珊珊（天津生物工程职业技术学院）

编写说明

为使学生入学后即能了解所学专业，热爱所学专业，在新生入学后进行专业入门教育十分必要。多年的教学实践证明，职业院校更需要强化对学生的职业素养教育，使学生熟悉医药行业基本要求，具备专业基本素质，毕业后即与就业岗位零距离对接，成为合格的医药行业准职业人。为此我们组织编写了《医药职业教育创新示范教材》。本套校本教材分为3类，分别是专业入门教育类、行业公共基础类、行业指导类。

在本套教材编写过程中，我院组织作者深入与本专业对口的医药行业重点企业进行调研，熟悉调研企业的重点岗位及工作任务，深入了解各专业所覆盖工作岗位的全部生产过程，分析岗位（群）职业要求，总结履行岗位职责应具备的综合能力。因此，本套校本教材体现了教学过程的实践性、开放性和职业性。

本套教材突出以能力为本位，以学生为主体，强调"教、学、做"一体，体现了职业教育面向社会、面向行业、面向企业的办学思想。对深化医药类职业院校教育教学改革，促进职业教育教学与生产实践、技术推广紧密结合，加强学生职业技能的培养，加快为医药行业培养更多、更优秀的高端技能型专门人才可起到推动作用。

本套教材适用于医药类职业教育院校和医药行业职工培训使用。

由于作者水平有限，书中难免有不妥之处，敬请读者批评指正。

天津生物工程职业技术学院
2014 年 6 月

目 录
Contents

项目一　做好准备

任务一　微笑迎接挑战，做一名有职业道德的医药人

一、你是一名大学生

大学是国家高等教育的学府，综合性的提供教学和研究条件和授权颁发学位的高等教育机关。大学通常被人们比作象牙塔（ivory tower）；是与世隔绝的梦幻境地，这里是一个不同寻常、丰富多彩的小世界，充满着各种各样的机遇。众多的课外活动、体育活动、社会活动的经历将会对你们当中的很多人产生重大影响。希望你在这里度过一段人生中非常特别的时光——这就是你的大学。

请千万记住，无论你在大学中经历了什么，都归属于学习的过程。课堂的知识帮你累积学识和技能、课余的生活帮你提高综合素质、宿舍和班级内的相处帮你提升人际交往的能力、社会实践活动拓展你的视野……这所有的一切就是你们学习的时刻，是你们接触各种思想观念的时刻。这些思想观念与你们过去和将来接触到的不一定相同，这样的体验或许只在你一生中的这段时光里才会经历到。因此，当你遇到欢欣愉悦的事情时，请记住微笑，把你明媚的心情和收获与你的同伴分享，这会让你的幸福感加倍；当你遇到困难和挫折时，请记住以微笑展示你的坚强和乐观，别忘记也把你的落寞和愤愤不平向知己好友倾诉，这会帮你尽快抚平创伤。

今天，你走进了大学校园，你是一名大学生；你将如何在这"小天地"度过你的大学生活，你又将在那些方面有所长进，下面的内容或许能使你眼前一亮。

1. 专业

没有垃圾专业，只有垃圾学生。大学是一种文化与精神凝聚的场所。很多学生学到了"皮"却没有学到内涵。专业不是你能学到什么，而是你有没有学会怎么学到东西。专业的价值在于你能往脑袋里装多少东西。很多学生认为自己分数高就是专业扎实。但是进入工作单位后，你会发现这个根本没有用！分数高代表你的考试技能高，不代表你的专业扎实。高分不一定低能，也不一定高能。两者没有任何必然联系。

2. 社团

外国大学的社团当然锻炼人，组织活动，拉赞助，协调人际关系，然后还有很多时候要选择项目维持社团运作，是完整的公司模式。在中国大学的社团你可以学到一些沟通能力，而且社团更像一个微型的社会，你该怎么周旋？你该怎么适应？其间你要学会怎么正视别人的白眼儿，学会怎么调节好自己的利益和别人之间的关系。

3. 技能

【硬件】

（1）英语　英语四级证书，怎么说呢？算是"城市户口"，你怎么活下去还要看你的真本事。口语、写作是重中之重。毕竟金山词霸还能在你翻译的时候帮你一把，可是口语交流你总不能捧个"文曲星"吧？抱怨的时间多看看剑桥的《商务英语》，有用，谁看谁知道。

（2）专业　专业是立身之本，在企业中，过硬的专业素质是你的立身之本。你有知识才能有发展，就算转行，将来也将有很大的优势。

还是那句话，专业的人不是头脑里有多少知识的人，而是手头工作的专业与自己所学专业不符合的人，能不能很快上手，能不能很快有自己的见解。

【软件】

（1）态度　心平气和地做好手头的工作，你必然会有好结果的。态度决定一切！

（2）知识　不是专业。知识涉猎不一定专，但一定要广！多看看其他方面的书，金融、财会、进出口、税务、法律等，为以后做一些积累，在以后的用处会更大！会少交许多学费！

（3）思维 务必培养自己多方面的能力，包括管理，亲和力，察言观色能力，公关能力等，要成为综合素质的高手，则前途无量！技术以外的技能才是更重要的本事！从古到今，国内国外，一律如此！

（4）人脉 多交朋友！不要只同和你一样的人交往，认为有共同语言，其实更重要的是和其他类型的人交往，了解他们的经历、思维习惯、爱好，学习他们处理问题的模式，了解社会各个角落的现象和问题，这是以后发展的巨大本钱。

（5）修身 要学会善于推销自己！不仅要能干，还要能说，能写，善于利用一切机会推销自己，树立自己的品牌形象。要创造条件让别人了解自己，不然老板怎么知道你能干？外面的投资人怎么相信你？

最后的最后，永远别忘记对自己说——我是一名大学生，我终将战胜各种困难，走向光明未来。

二、挑战大学新生常见问题

（一）初入大学的迷惘

1. 大一新生的困惑

对你来说，可能期待大学生活是辉煌灿烂的一个阶段，渴望多姿多彩的校园生活。然而，当大学生活初步安顿下来，开始正常的学习生活之后，最初的惊奇与激情逐渐逝去，大学新生要面临的是一段艰难的心理适应期。

案例

"刚上大学时远离了父母，远离了昔日的朋友，我非常迷惘、非常伤感。新同学的陌生更增加了我那份化不开的孤独。每天背着书包奔波在校园中，独自品味着生活的白开水。"一位大学新生在接受心理辅导时如是说。

2. 为什么大学新生容易产生适应困难

（1）新环境中知音难觅　与大学里面的新同学接触时，总习惯拿高中时的好友为标准来加以衡量。由于有老朋友的存在，常常会觉得新面孔不太合意。

在高中阶段，上大学几乎是所有学生最迫切的目标，在这个统一的目标下，找到志同道合的朋友很容易。但是进入大学以后，各人的目标和志向会发生很大的变化，要找到一个在某一方面有共同追求的朋友，就需要较长时间的努力。

（2）中心地位的失落　全国各地的同学汇集一堂，相比之下，很多新生会发现自己显得比较平常，成绩比自己更优异的同学比比皆是。

这一突然的变化使一些新生措手不及，无法接受理想自我和现实自我之间的巨大差距，一种失落感便袭上心头。

（3）强烈的自卑感　某些男同学可能会因为身材矮小而自卑，某些女同学可能因长相不佳而自卑；还有一些来自农村或小城镇的同学，与来自大城市的同学相比，往往会觉得自己见识浅薄，没有特长，从而产生自卑感。

（二）环境适应

1. 适应新的校园环境

首先要尽快熟悉校园的“地形”。这样，在办理各种手续、解决各种问题的时候就会比别人更顺利、更节省时间。

其次，在班级中担任一定的工作，也能帮助你尽快适应校园生活。这样与老师、同学接触得越多，掌握的信息越多，锻炼的机会也越多，能力提高很快，自信心也就逐渐建立起来了。

2. 适应校园中的人际环境

你来到大学校园，最有可能面临的情况有以下几种。

（1）多人共享一间宿舍　你们会出现就寝、起床时间的差异、个人卫生要求、习惯的差异、对物品爱惜程度的差异等等。在宿舍生活，就是一个五湖四海的融合的过程，意味着你们要彼此适应，互相理解、互相包容。

建议在符合学校相关管理制度的基础上，制定一个宿舍公约，这样将便于宿舍内所有人更好、更舒适地生活。

（2）饮食的差异　食堂的饭菜可能和你家乡的饮食有所差别，你的味蕾、你的胃都要去适应。在外就餐要注意饮食健康。

（3）可支配生活费的差异　面对同学们之间支配金钱能力的差异，要摆正心态，树立俭朴生活的观念，做到勤俭节约，合理安排生活费，保证学习的有效进行。并学会自立、自强，学习理财，如有需要可向生源地申请助学贷款、向学校申请国家奖学金、助学金及各类社会助学金等。

3. 适应校园外的社会环境

离开家乡到异地求学，意味着踏入一个不同的社会环境，怎样搭乘公共汽车、怎样向别人问路、怎样去商店买东西、怎样和小商贩讨价还价都要逐步熟悉。了解适应社会环境都有哪些形式，总的来说，适应社会环境有两种形式：一种是改造社会环境，使环境合乎我们的要求；另一种形式是改造我们自己，去适应环境的要求。无论哪种形式，最后都要达到环境与我们自身的和谐一致。

（三）生活适应

1. 培养生活自理能力

案例

一名女生在考入理想的大学后，从小城市到大城市，从温暖、充满爱的小家庭到校园中的大家庭，完全不能适应。她说："洗澡要排队，衣服要自己洗，食堂的饭菜又难以下咽……"为此天天给家里打长途电话诉苦。电话里的哭声让母亲揪心，于是母亲只好请假租房陪女儿读书。

从离不开父母的家庭生活到事事完全自理的大学生活，一切都要从头学起。从某种意义上说，这是一种真正的生活独立性的训练。

2. 培养良好的生活习惯

生活习惯代表着个人的生活方式。良好的生活习惯不仅能促进个人的身心健康，而且对人的未来发展有间接作用。

（1）要合理地安排作息时间，形成良好的作息制度。因为有规律的生活能使大脑和神经系统的兴奋和抑制交替进行，这对促进身心健康是非常有利的。

（2）要进行适当的体育锻炼和文娱活动。学习之余参加一些文体活动，不但可以缓解刻板紧张的生活，还可以放松心情、增加生活乐趣，有助于提高学习效率。

（3）要保证合理的营养供应，养成良好的饮食习惯。

（4）要改正或防止吸烟、酗酒、沉溺于电子游戏等不良的生活习惯。

3. 安排好课余时间

大学校园除了日常的教学活动之外，还有各种各样的讲座、讨论会、学术报告、文娱活动、社团活动、公关活动等。这些活动对于大学新生来说，的确是令人眼花缭乱，对于如何安排课余时间，大学新生常常心中没谱。如果完全按照兴趣，随意性太大，很难有效地利用高校的有利环境和资源。

应该了解自己近期内要达到哪些目标，长远目标是什么，自己最迫切需要的是什么，各种活动对自己发展的意义又有多大等。然后做出最好的时间安排，并且在执行计划中不断地修正和发展。

丰富的课余生活不只会增添人生乐趣，也有利于建立自信心，增强社会适应能力。

（四）学习适应

1. 大学新生容易产生学习动机不足的现象

相当一部分大学生身上不同程度地存在着学习动力不足的问题。上大学前后的"动机落差"，自我控制能力差，缺乏远大的理想，没有树立正确的人生观，都是导致大学新生学习动机不足的重要原因。

2. 适应校园的学习气氛

大学里面的学习气氛是外松内紧的。和中学相比，在大学里很少有人监督你，很少有人主动指导你；这里没有人给你制定具体的学习目标，考试一般不公布分数、不排红榜……

但这里绝不是没有竞争。每个人都在独立地面对学业；每个人都该有自己设定的目标；每个人都在和自己的昨天比，和自己的潜能比，也暗暗地与别人比。

3. 调整学习方法

进入大学后，以教师为主导的教学模式变成了以学生为主导的自学模式。教师在课堂讲授知识后，学生不仅要消化理解课堂上学习的内容，而且还要大量阅读相关的书籍和文献资料，逐渐地从"要我学"向"我要学"转变，不采用题海战术和死记硬背的方法，提倡生动活泼地学习，提倡勤于思考。

可以说，自学能力的高低成为影响学业成绩的最重要因素。从旧的学习方法向新的学习方法过渡，这是每个大学新生都必须经历的过程。

4. 适应专业学习

对专业课的学习应目标明确、具体，主动克服各种学习困难，不断提高学习兴趣；对待公共课，要认识到其实用的价值，努力把对公共课的间接兴趣转化为直接学习兴趣；对选修课的学习，应注意克服仅仅停留在浅层的了解和获知的现象。

5. 适应学习科目

中学阶段，我们一般只学习十门左右的课程，而且有两年时间都把精力放到高考科目上，老师主要讲授一般性的基础知识。而大学需要学习的课程几十门，每一个学期学习的课程都不相同，内容多，学习任务远比中学重得多。大学（高职）一年级主要学习公共课程和专业基础课，二年级主要学习专业课和专业技能课程以及选修课，三年级重点进行专业实习以及顶岗实习。

6. 适应自主学习

中学里，经常有老师占用自习课，让同学们非常苦恼，大学里这种情况几乎不存在了。因为大学里课堂讲授相对减少，自学时间大量增加。同时，大学为学生学习提供了非常好的环境，有藏书丰富的图书馆，有设备先进的实验室，有丰富多彩的课外活动及社团活动。

7. 明确技能要求

在中学时期，学习的内容就是语、数、外等高考科目，到了大学阶段，我们学习的内容转变为以技能为主，强调动手能力，加强技能学习与训练。

高中和大学的区别——

高中事情父母包办；大学住校凡事要自己解决。

高中有事班主任通知；大学有事要自己看通知。

高中父母是你的守护者；大学在外你是自己的天使。

高中衣来伸手饭来张口；大学要自力更生丰衣足食。

常见品质——

令人喜欢的品质	中性品质	令人厌恶的品质
☆ 热情	◇ 易动情	★ 不可信
☆ 善良	◇ 羞怯	★ 恶毒
☆ 友好	◇ 天真	★ 令人讨厌
☆ 快乐	◇ 好动	★ 不真实
☆ 不自私	◇ 空想	★ 不诚实
☆ 幽默	◇ 追求物欲	★ 冷酷
☆ 负责	◇ 反叛	★ 邪恶
☆ 开朗	◇ 孤独	★ 装假
☆ 信任别人	◇ 依赖别人	★ 说谎

三、新的起点，开启新的人生

成为一名大学生，掀开了你人生的新篇章。在新的环境中，如想更好地生存和发展，需要尽快熟悉和适应这样的生活。同时在新的环境中开始，我们也可以抛弃过去不好的行为和习惯，秉承好的传统，学习新的更有价值和意义的知识、方法和技能。来到同一个大学，大家的起跑线相同，对你来说也是更大的机遇。及早的做好准备，对自己的人生目标做出分析和确定，花时间去完成这个你在医药行业里确立的职业生涯目标，这个目标可以体现你的价值、理想。设定一个明确的、可衡量的、可执行的、有时限的目标至关重要，因为"没有目标的人永远给有目标的人打工"。

在大学生活中，如何完善自己，开启自己新的人生呢？

（一）制定科学的专业学习计划

通常个人的专业学习计划应当包括以下三方面的内容。

1. 明确的专业学习目标

也就是学生通过专业学习达到预期的结果，在专业基本理论、基本知识和基本技能方面达到的水平，在专业能力方面和实际应用方面达到的目标。

2. 进程表

即学习时间和学习进度安排表，包括三个层次，一是总体学习时间和学习进度安排表，即大学期间如何安排专业学习进程，一般，大学专业学习进程指导原则是第一年打基础，即学习从事多种职业能力通用的课程和继续学习必需的课程。二是学期进程表，把一个学期的全部时间分成三个部分：学习时间、复习时间、考试时间。分别在三个时间段内制订不同的学习进程表。三是课程进度表，是学生在每门课程中投入的时间和精力的体现。

3. 完成计划的方法和措施

主要指学习方式，学习方式的选择需要考虑的因素：学习基础、学习能力、学习习惯、学科性质、学校能够提供的支持服务、学生能够保证的学习时间等，还要遵循学习心理活动特点和学习规律以及个人的生理规律等。

那么，什么样的专业学习计划才算是科学合理呢？

（1）全面合理　计划中除了有专业学习时间外，还应有学习其他知识的时间。也就是要有合理的知识结构。知识结构是指知识体系在人的头脑中的内在联系。结构决定着能力，不同的知识结构预示着能否胜任不同性质的工作。随着科学技术的发展，职业发展呈现出智能化、综合化等特点，根据职业发展特点，从业者的知识结构应该更加宽泛、合理。大学生在校学习期间，不仅要掌握本专业知识技能，而且要对相近或相关知识技能进行学习，才能掌握宽泛的基础知识和必要技能，才能适应因社会快速发展而对人才要求的不断变化。此外，还应有进行社会工作、为集体服务的时间；有保证休息、娱乐、睡眠的时间。

（2）长时间短安排　在一个较长的时间内，究竟干些什么，应当有个大致计划。比如，一个学期、一个学年应当有个长计划。

（3）重点突出　学习时间是有限的，而学习的内容是无限的，所以必须要有重点，要保证重点，兼顾一般。

（4）脚踏实地　一是知识能力的实际，每个阶段，在计划中要接受消化多少知识，要培养哪些能力；二是指常规学习时间与自由学习时间各有多少；三是"债务"实际，对自己在学习上的"欠债"情况心中有数；四是教学进度的实际，掌握教师教学进度，就可以妥善安排时间，不至于使自己的计划受到"冲击"。

（5）适时调整　每一个计划执行结束或执行到一个阶段，应当检查一下效果如何。如果效果不好，就要找找原因，进行必要的调整。检查的内容应包括：计划中规定的任务是否完成，是否按计划去做了，学习效果如何，没有完成计划的原因是什么。通过检查后，再修订专业学习计划，改变不科学、不合理的地方。

（6）灵活性　计划变成现实，还需要经过一段时间，在这个过程中会遇到许多新问题、新情况，所以计划不要太满、太死、太紧。要留出机动时间，使计划有一定机动性、灵活性。

（二）能力的自我培养

大学生在大学期间应基本上具有工作岗位所要求的能力，这就要求大学生在大学期间注重能力的自我培养。培养能力的主要途径如下。

1. 积累知识

知识是能力的基础，勤奋是成功的钥匙。离开知识的积累，能力就成了"无源之水"，而知识的积累要靠勤奋的学习来实现。大学生在校期间，既要掌握书本上的知识和技能，也要掌握学习的方法，学会学习，养成自学的习惯，树立终身学习的意识。

2. 专业实验，勤于实践

实验是理论知识的升华和检验，我们可以通过实验来检验专业的理论知识，也能巩固理论知识，加深理解。而实践是培养和提高能力的重要途径，是检验学生是否学到知识的标准。因此大学生在校期间，既要主动积极参加各种校园文化活动，又要勇于参与社会实践活动；既要认真参加社会调查活动，又要热心各种公益活动；既要积极参与校内外相结合的科学研究、科技协作、科技服务活动，参加以校内建设或社会生产建设为主要内容的生产劳动，又要热忱参加教育实习活动，参加学校举办的各种类型的学习班、讲学班等。

3. 发展兴趣

兴趣包括直接兴趣和间接兴趣。直接兴趣是事物本身引起的兴趣；间接兴趣是对能给个体带来愉快或益处的活动结果发生的兴趣，人的意志在其中起着积极的促进作用。大学生应该重点培养对学习的间接兴趣，以提高自身能力为目标鼓励自己学习。

4. 超越自我

作为一名大学生，应当注意发展自己的优势能力，但任何优势能力是不够的，大学生必须对已经具备的能力有所拓展，不管其发展程度如何，这是今后生存的需要，也是发展的需要。

（三）身心素质培养

身体素质和心理素质合称为身心素质。身心素质对大学生成才有着重大影响，因此不断提升身心素质尤为重要。大学生心理素质提升的主要途径有以下几个。

1. 科学用脑

（1）勤于用脑 大脑用得越勤快，脑功能越发达。讲究最佳用脑时间。研究发现，人的最佳用脑时间存在着很大的差异性，就一天而言，有早晨学习效率最高的百灵鸟型，有黑夜学习效率最高的猫头鹰型，也有最佳学习时间不明显的混合型。

（2）劳逸结合　从事脑力劳动的时候，大脑皮质兴奋区的代谢过程逐步加强，血流量和耗氧量也增加，从而使脑的工作能力逐步提高。如果长时间用大脑，消耗的过程逐步越过恢复过程，就会产生疲劳。疲劳如果持续下去，不仅会使学习和工作效率降低，还会引起神经衰弱等疾病。

（3）多种活动交替进行　人的脑细胞有专门的分工，各司其职。经常轮换脑细胞的兴奋与抑制，可以减轻疲劳，提高效率。

（4）培养良好的生活习惯　节奏性是人脑的基本规律之一，大脑皮质的兴奋与抑制有节奏地交替进行，大脑才能发挥较大效能。要使大脑兴奋与抑制有节奏，就要养成良好的生活习惯。

2. 正确认识自己

良好的自我意识要求做到自知、自爱，其具体内涵是自尊、自信、自强、自制。自信、自强的人对自己的动机、目的有明确的了解，对自己的能力能做出比较客观的估价。

3. 自觉控制和调节情绪

疾病都与情绪有关，长期的思虑忧郁，过度的气愤、苦闷，都可能导致疾病的发生。大学生希望有健康的身心，就必须经常保持乐观的情绪，在学习、生活和工作中有效地驾驭自己的情绪活动，自觉地控制和调节情绪。

4. 提高克服挫折的能力

正视挫折，战胜或适应挫折。遇到挫折，要冷静分析原因，找出问题的症结，充分发挥主观能动性，想办法战胜它。如果主客观差距太大，虽然经过努力，也无法战胜，就接受它，适应它，或者另辟蹊径，以便再战。要多经受挫折的磨炼。

（四）选择与决策能力的培养

做出明智的选择是一项与每个人的成长、生活息息相关的基本生存技能，我们的每一个决定，都会影响我们的职业生涯发展。在我们的一生中，需要花费无数的时间与精力来选择或做出决定，小到选乘公交车，大到求学、择业，还有恋爱与婚姻……的确，成功与幸福很大程度上取决于我们在"十字路口"上的某个决定。如果能够具备良好的选择和决策能力，那我们在职业发展的道路上会比别人少浪费很多时间。

（五）学会职业适应与自我塑造

法国哲学家狄德罗曾说过：知道事物应该是什么样，说明你是聪明人；知道事物实际是什么样，说明你是有经验的人；知道如何使事物变得更好，说明你是有才能的人。显然，要想获得职业上的成功，首先是学会适应职业环境，就像大自然中的千年动物，能够随着自然环境的变化而调整、改变自己，避免成为"娇贵"的恐龙！

总而言之，在我们非常宝贵的大学期间，我们应努力培养以下各种技能：自学能力、设备使用操作能力、实验动手能力、应用计算机能力、绘图能力、实验测试能力、技术综合能力、独立工作能力、实验数据分析处理能力、独立思考与创造能力、管理能力、组织管理与社交能力、文字语言表达能力。为了达到以上的目标，我们必须提早动手，对未来的学习有个前瞻性的规划，通过学习计划的设计与按部就班的实施，你的目标终将会逐一实现。

四、医药人，我有我要求

近年来，我国医药行业发展迅速，人才需求旺盛。企业在用人之际反馈出新进员工普遍存在敬业精神及合作态度等方面的问题，这也就涉及当代医药人职业素养层次的问题。在正式成为医药行业高技能人才之前，请你务必意识到良好的职业素养是你今后职业生涯成功与否的基础。

（一）职业素养涵盖的范畴

职业素养至少包含两个重要因素：敬业精神及合作的态度。敬业精神就是在工作中要将自己作为所在单位的一部分，不管做什么工作一定要做到最好，发挥出实力，对于一些细小的错误一定要及时地更正，敬业不仅仅是吃苦耐劳，更重要的是"用心"去做好单位分配给自己的每一份工作。态度是职业素养的核心，好的态度比如负责的、积极的、自信的、建设性的、欣赏的、乐于助人的态度是决定成败的关键因素。

职业素养是个很大的概念，是人类在社会活动中需要遵守的行为规范。职业素养中，专业是第一位的，但是除了专业，敬业和道德是必备的，体现到职场上的就是职业素养，体现在生活中的就是个人素质或者道德修养。职业素养是在职业过程中表现出来的综合品质，概括来说就是指职业道德、职业思想（意识）、职业行为习惯、职业技能等四个方面。职业素养是一个人职业生涯成败的关键因素，职业素养量化而成"职商"，英文 career quotient，简称 CQ，也可以说一生成败看职商。

（二）大学生职业素养的构成

大学生的职业素养可分为显性和隐性两部分（图 1-1）。

图 1-1   "素质冰山"理论中显性素养和隐性素养比例图示

1. 显性素养

形象、资质、知识、职业行为和职业技能等方面是显性部分。这些可以通过各种学历证书、职业证书来证明或者通过专业考试来验证。

2. 隐性素养

职业意识、职业道德、职业作风和职业态度等方面是隐性的职业素养。"素质冰山"理论认为，个体的素质就像水中漂浮的一座冰山，水上部分的知识、技能仅仅代表表层的特征，不能区分绩效优劣；水下部分的动机、特质、态度、责任心才是决定人的行为的关键因素，可以鉴别绩效优秀者和一般者。大学生的职业素养也可以看成是一座冰山，冰山浮在水面以上的只有 1/8，是人们看得见的、显性的职业素养；而冰山隐藏在水面以下的部分占整体的 7/8，是看不见的、隐性的职业素养。显性职业素养和隐性职业素养共同构成了我们应具备的全部职业素养。由此可见，大部分的职业素养是人们看不见的，但正是这 7/8 的隐性职业素养决定、支撑着外在的显性职业素养，同时，显性职业素养是隐性职业素养的外在表现。因此，大学生职业素养的培养应该着眼于整座"冰山"，以培养显性职业素养为基础，重点培养隐性职业素养。

（三）大学生应具备的职业素养

为了顺应知识经济时代社会竞争激烈、人际交往频繁、工作压力大等特点的要求，大学生应具备以下几种基本的职业素养。

1. 思想道德素质

近年来，用人单位对大学生的思想道德素质越来越重视，他们认为思想道德素质高的学生不仅用起来放心，而且有利于本单位文化的发展和进步。思想是行动的先导，而道德是立身之本，很难想象一个思想道德素质差的人能够在工作中赢得别人充分的信任和与人良好合作。毕竟人是社会的人，在企业的工作中更是如此。所以，企业在选拔录用毕业生时，对思想道德素质都会很在意。虽然这种素质很难准确测量，但是人的思想道德素质会体现在人的一言一行中，这也是面试的主要目的之一。

2. 事业心和责任感

事业心是指干一番事业的决心。有事业心的人目光远大、心胸开阔，能克服常人难以克服的困难而成为社会上的佼佼者。责任感就是要求把个人利益同国家和社会的发展紧密联系起来，树立强烈的历史使命感和社会责任感。拥有较强的事业心和责任感的大学毕业生才能与单位同甘共苦、共患难，才能将自己的知识和才能充分发挥出来，从而创造出效益。

3. 职业道德

职业道德体现在每一个具体职业中，任何一个具体职业都有本行业的规范，这些规范的形成是人们对职业活动的客观要求。从业者必须对社会承担必要的职责，遵守职业道德，敬业、勤业。具体来说，就是热爱本职工作，恪尽职守，讲究职业信誉，刻苦钻研本职业务，对技术和专业精益求精。在今天，敬业、勤业更具有新的、丰富的内涵和标准。不计较个人得失、全心全意为人民服务、勤奋开拓、求实创新等，都是新时代对大学毕业生职业道德的要求。缺乏职业道德的大学毕业生不可能在工作中尽心尽力，更谈不上有所作为；相反，大学毕业生如果拥有崇高的职业道德，不断努力，那么在任何职业岗位上都会做出贡献，服务社会的同时体现个人价值。

4. 专业基础

随着科学技术的迅速发展，社会化大生产不断壮大，现代职业对从业人员专业基础的要求越来越高，专业化的倾向越来越明显。"万金油"式的人才已经不能满足市场的需求，只有拥有"一专多能"才能在求职过程中取胜。大学毕业生应该拥有宽厚扎实的基础知识和广博精深的专业知识。基础知识、基本理论是知识结构的根基。拥有宽厚扎实的基础知识，才能有持续学习和发展的基础和动力。专业知识是知识结构的核心部分，大学生要对自己所从事专业的知识和技术精益求精，对学科的历史、现状和发展趋势有较深的认识和系统的了解，并善于将所学的专业和其他相关知识领域紧密联系起来。

5. 学习能力

现代社会科学技术飞速发展，一日千里。只有基础牢，会学习，善于汲取新知识、新经验，不断在各方面完善自己，才能跟上时代的步伐。有研究观点认为，一个大学毕业生在学校获得的知识只占一生工作所需知识的 10%，其余需在毕业后的继续学习中不断获取。

6. 人际交往能力

人际交往能力就是与人相处的能力。随着社会分工日益精细以及个人能力的限制，单打独斗已经很难完成工作任务，人际间的合作与沟通已必不可少。大学毕业生应该积极主动地参与人际交往，做到诚实守信、以诚待人，同时努力培养团队协作精神，这样才能逐步提高自己的人际交往能力。

7. 吃苦精神

用人单位认为近年来所招大学毕业生最缺乏的素质是实干精神。现在的大学生最大的弱点是怕吃苦，缺乏实干的奋斗精神。大凡有所成就的人，无一不是通过艰苦创业而成才的。作为当代大学生，我们应从平时小事做起，努力培养吃苦耐劳的创业精神。

8. 创新精神

现代社会日新月异，我们不能墨守成规。在市场经济条件下，各企业都要参与激烈的市场竞争。用人单位迫切需要大学生运用创新精神和专业知识来帮助他们改造技术，加强企业管理，使产品不断更新和发展，给企业带来新的活力。信息时代是物资极弱的时代，非物资需求成为人类的重要需求，信息网络的全球架构使人类生活的秩序和结构发生根本变化。人才，尤其是信息时代的人才，更需要创新精神。

9. 身体素质

现代社会生活节奏快，工作压力大，没有健康的体魄很难适应。用人单位都希望自己的员工能健康地为单位多做贡献，而不希望看到他们经常请病假。身体有疾病的员工不但会耽误自己的工作，还有可能对单位的其他同事造成影响。用人单位和大学毕业生签订协议书之前，都会要求学生提交身体检查报告，如果身体不健康，即使其他方面非常优秀，也会被拒之门外。

10. 健康的心理

健康的心理是一个人事业能否取得成功的关键，它是指自我意识的健全，情绪控制的适度，人际关系的和谐和对挫折的承受能力。心理素质好的人能以旺盛的精力、积极乐观的心态处理好各种关系，主动适应环境的变化；心理素质差的人则经常处于忧愁困苦中，不能很好地适应环境，最终影响工作甚至带来身体上的疾病。大学毕业生在走出校园以后，会遇到更加复杂的人际关系，更为沉重的工作压力，这都需要大学毕业生很好地进行自我调适以适应社会。

总的来说，大学生应具备的职业意识包括：市场意识、创新意识、合作意识、服务意识、法律意识、竞争意识、创业意识。大学生应具备的职业能力包括以下几个方面：终身学习能力、人际沟通能力、开发创造能力、协调沟通能力、言语表达能力、组织管理能力、判断决策能力、职场人格魅力、信息处理能力、应变处理能力。

（四）职业素养的自我培养

作为职业素养培养主体的大学生，在大学期间应该学会自我培养。

（1）要培养职业意识。雷恩·吉尔森说："一个人花在影响自己未来命运的工作选择上的精力，竟比花在购买穿了一年就会扔掉的衣服上的心思要少得多，这是一件多么奇怪的事情，尤其是当他未来的幸福和富足要全部依赖于这份工作时。"很多高中毕业生在跨进大学校门之时就认为已经完成了学习任务，可以在大学里尽情地"享受"了。这正是他们在就业时感到压力的根源。清华大学的樊富珉教授认为，中国有69%~80%的大学生对未来职业没有规划、就业时容易感到压力。一项在校大学生心理健康状况调查显示，75%的大学生认为压力主要来源于社会就业。50%的大学生对于自己毕业后的发展前途感到迷茫，没有目标；41.7%的大学生表示目前没考虑太多；只有8.3%的人对自己的未来有明确的目标并且充满信心。培养职业意识就是要对自己的未来有规划。因此，大学期间，每个大学生应明确：我是一个什么样的人？我将来想做什么？我能做什么？环境能支持我做什么？着重解决一个问题，就是认识自己的个性特征，包括自己的气质、性格、能力以及自己的个性倾向，包括兴趣、动机、需要、价值观等。据此来确定自己的个性是否与理想的职业相符：对自己的优势和不足有一个比较客观的认识，结合环境如市场需要、社会资源等确定自己的发展方向和行业选择范围，明确职业发展目标。

（2）配合学校的培养任务，完成知识、技能等显性职业素养的培养。职业行为和职业技能等显性职业素养比较容易通过教育和培训获得。学校的教学及各专业的培养方案是针对社会需要和专业需要所制订的。旨在使学生获得系统化的基础知识及专业知识，加强学生对专业的认知和知识的运用，并使学生获得学习能力、培养学习习惯。因此，大学生应该积极配合学校的培养计划，认真完成学习任务，尽可能利用学校的教育资源，包括教师、图书馆等获得知识和技能，作为将来职业需要的储备。

（3）有意识地培养职业道德、职业态度、职业作风等方面的隐性素养。隐性职业素养是大学生职业素养的核心内容。核心职业素养体现在很多方面，如独立性、责任心、敬业精神、团队意识、职业操守等。事实表明，很多大学生在这些方面存在不足。调查发现，缺乏独立性、会抢风头、不愿下基层吃苦等表现容易断送大学生的前程。如某企业的一次招聘中，一位来自上海某名牌大学的女生在中文笔试和外语口试中都很优秀，但最后一轮面试被淘汰。负责招聘的人说："我最后不经意地问她，你可能被安排在大客户经理助理的岗位，但你的户口能否进深圳还需再争取，你愿意么？"结果，她犹豫片刻回答说："先回去和父母商量再决定。"缺乏独立性使她失掉了工作机会。而喜欢抢风头的人被认为没有团队合作精神，用人单位也不喜欢。很多大学生生长在"6＋1"的独生子女家庭，因此在独立性、承担责任、与人分享等方面都不够好，相反他们爱出风头、容易受伤。因此，大学生应该有意识地在学校的学习和生活中主动培养独立性、学会分享、感恩、勇于承担责任，不要把错误和责任都归咎于他人。自己摔倒了不能怪路不好，要先检讨自己，承认自己的错误和不足。

大学生应该加强自我修养，在思想、情操、意志、体魄等方面进行自我锻炼。同时，还要培养良好的心理素质，增强应对压力和挫折的能力，善于从逆境中寻找转机。

（五）医药保健人的职业道德要求

1. 保健科研的职业道德要求

（1）忠诚事业，献身保健。

（2）实事求是，一丝不苟。

（3）尊重同仁，团结协作。

（4）以德为先，尊重生命。

2. 保健品生产的职业道德要求

（1）保证生产，社会效益与经济效益并重。

（2）质量第一，自觉遵守规范。

（3）保护环境，保护生产者的健康。

（4）规范包装，如实宣传。

（5）依法促销，诚信推广。

3. 保健品经营的职业道德要求

（1）保健品批发的道德要求

①规范采购，维护质量。

②热情周到，服务客户。

（2）保健品零售的道德要求

①诚实守信，确保销售质量。

②指导使用，做好保健服务。

任务二　高等职业教育，我的选择无怨无悔

一、普通高等教育和高等职业教育

《国家中长期教育改革和发展规划纲要（2010～2020 年）》（简称《教育规划纲要》），对高等教育提出了发展规划。我们来看一下普通高等教育和高等职业教育。

（一）普通高等教育

高等教育承担着培养高级专门人才、发展科学技术文化、促进社会主义现代化建设的重大任务。到 2020 年，高等教育结构更加合理，特色更加鲜明，人才培养、科学研究和社会服务整体水平全面提升，着力培养信念执著、品德优良、知识丰富、本领过硬的高素质专门人才和拔尖创新人才。

国家将加快建设一流大学和一流学科。以重点学科建设为基础，继续实施"985 工程"和优势学科创新平台建设，继续实施"211 工程"和启

动特色重点学科项目。坚持服务国家目标与鼓励自由探索相结合，加强基础研究；以重大现实问题为主攻方向，加强应用研究。促进高校、科研院所、企业科技教育资源共享，推动高校创新组织模式，培育跨学科、跨领域的科研与教学相结合的团队。

普通高等教育五大学历教育是最为正规且用人单位最为认可的学历教育，主要包括全日制普通博士学位研究生、全日制普通硕士学位研究生（包括学术型硕士和专业硕士）、全日制普通第二学士学位、全日制普通本科、全日制普通专科（高职）。

（二）高等职业教育

我国的高等职业技术教育开始于 20 世纪 80 年代初，1995 年以后，特别是 1996 年 6 月全国教育工作会议之后，高等职业技术教育发展迅速。中央和地方也出台了一系列好政策、好措施。教育部批准设置了 92 所高等职业技术学院，各地方也成立了具有地方特色的高等职业技术学院，许多普通高校也以不同形式设置了职业技术学院，高等职业技术教育的发展出现了大好局面。

《教育规划纲要》中提及要大力发展职业教育。职业教育要面向人人、面向社会，着力培养学生的职业道德、职业技能和就业创业能力。到 2020 年，形成适应经济发展方式转变和产业结构调整要求、体现终身教育理念、中等和高等职业教育协调发展的现代职业教育体系，满足人民群众接受职业教育的需求，满足经济社会对高素质劳动者和技能型人才的需要。

政府切实履行发展职业教育的职责。把职业教育纳入经济社会发展和产业发展规划，促使职业教育规模、专业设置与经济社会发展需求相适应。统筹中等职业教育与高等职业教育发展。健全多渠道投入机制，加大职业教育投入。

把提高质量作为重点。以服务为宗旨，以就业为导向，推进教育教学改革。实行工学结合、校企合作、顶岗实习的人才培养模式。坚持学校教育与职业培训并举，全日制与非全日制并重。调动行业企业的积极性。

由此来看，高等职业院校既拥有普通高等教育的学历，也享受国家对高等教育和职业教育的双重投入。身为高等职业院校的学生，你不仅将成长为高素质技能型人才服务于企业和社会，也将有机会继续深造提升学历水平，成为本领过硬的高素质专门人才和拔尖创新人才。

（三）高等职业教育与普通高等教育比较

我国正加紧推进高等教育大众化进程，而加速高等职业教育的发展是实现高等教育大众化的主要途径。高等职业教育和普通高等教育有着许多相同的地方，如共同遵循教育的基本原则，共同追求培养社会主义的德、智、体、美、劳全面发展的建设者和接班人的总体目标，共同遵循着政策宏观调控与高校自主办学积极性相结合的原则，共同接受衡量教育教学质量的一个宏观标准。但高等职业教育与普通高等教育又有着明显的区别。

1. 高等职业教育与普通高等教育在人才培养上的区别

（1）生源渠道上的区别　目前高职院校的生源来自于三个方面：一是参加普通高考的学生，二是中等职业技术学院和职业高中对口招生的学生，三是初中毕业的学生；而普通高等教育的生源通常是在校的高中毕业生。

（2）培养目标上的区别　普通高等教育主要培养的是研究型和探索型人才以及设计型人才，而高等职业教育则是主要培养既具有大学程度的专业知识，又具有高级技能，能够进行技术指导并将设计图纸转化为所需实物，能够运用设计理念或管理思想进行现场指挥的技术人才和管理人才。换句话说，高等职业教育培养的是技艺型、操作型的、具有大学文化层次的高级技术人才。同普通高等教育相比，高等职业教育培养出来的学生，毕业后大多数能够直接上岗，一般没有所谓的工作过渡期或适应期，即使有也是非常短的。

（3）与经济发展关系上的区别　随着社会的发展，高等教育与社会经济发展的联系越来越紧密，高等职业教育又是高等教育中同经济发展联系最为密切的一部分。在一定的发展阶段中，高等职业教育学生人数的增长与地区的国民生产总值的变化处于正相关状态，高职教育针对本地区的经济发展和社会需要，培养相关行业的高级职业技术人才，它的规模与发展速度和产业结构的变化，取决于经济发展的速度和产业结构的变化。随着我国经济结构的战略性调整，社会对高等职业教育的发展要求和定位必然以适应社会和经济发展的需求为出发点和落脚点，高等职业教育如何挖掘自身内在的价值，使之更有效地服务于社会是其根本性要求。

（4）专业设置与课程设置上的区别　在专业设置及课程设置上，普通高等教育是根据学科知识体系的内部逻辑来严格设定的，而高等职业教育则是以职业岗位能力需求或能力要素为核心来设计的。就高等职业教育的专业而言，可以说社会上有多少个职业就有多少个专业；就高等职业教育的课程设置而言，也是通过对职业岗位的分析，确定每种职业岗位所需的能力或素质体系，再来确定与之相对应的课程体系。有人形象地说，以系列产品和职业证书来构建课程体系，达到高等职业教育与社会需求的无缝接轨。

（5）培养方式上的区别　普通高等教育以理论教学为主，虽说也有实验、实习等联系实际的环节，但其目的仅仅是为了更好地学习、掌握理论知识，着眼于理论知识的理解与传授。而高等职业教育则是着眼于培养学生的实际岗位所需的动手能力，强调理论与实践并重，教育时刻与训练相结合，因此将技能训练放在了极其重要的位置上，讲求边教边干，边干边学，倡导知识够用为原则，缺什么就补什么，实践教学的比重特别大。这样带来的直接效果是，与普通高等教育相比，高等职业教育所培养的学生，在毕业后所从事的工作同其所受的职业技术教育的专业是对口的，他们有较好的岗位心理准备和技术准备，因而能迅速地适应各种各样的工作要求，为企业或单位带来更大的经济效益。

2. 高等职业教育与普通高等教育在课堂教学评价上的区别

根据高等职业教育与普通高等教育在上述几方面具有的明显区别，对二者在课堂教学评价问题上区别就容易得出答案了。从评价内容来看，普通高等教育重点放在教师对基础科学知识的传授之上；高等职业教育则主要放在教师对技术知识与操作技能的传授方面。从评价过程来看，普通高等教育主要围绕教师的教学步骤展开；高等职业教育则主要围绕学生的学习环节来进行。从评价者来看，普通高等教育主要是以学科教师为主；高等职业教育则主要以岗位工作人员为主。从评价方式来看，普通高等教育主要以同行和专家评价为主；高等职业教育则主要以学生评教为主。

经以上比较得出下面的结论。

（1）高等职业教育和普通高等教育都是高等教育的重要组成部分，二者只有类型的区别，没有层次的区别。因此，高等职业技术教育既是高等教育的一种类型，又是职业技术教育高层次。

（2）高等职业教育和普通高等教育在培养目标上有所区别。高等职业教育的培养目标是定位于技术型人才的培养；普通高等教育强调培养目标的学术定向性，而高等职业教育强调培养目标的职业定向性。普通高等教育培养的是理论型人才，而高等职业教育培养的是应用型人才。高等职业教育不仅需要学生掌握基本知识和理论，还需要学生提高实践能力。

（3）高等职业教育和普通高等教育在培养模式上有差异。普通高等教育在人才培养模式中强调学科的"重要性"，注重理论基础的"广博性"和专业理论的"精深性"；专业设置体现"学科性"，课程内容注重"理论性"，教学过程突出"研究性"。高等职业教育则更强调职业能力的"重要性"，注重理论基础的"实用性"；专业设置体现"职业性"，课程内容强调"应用性"，教学过程注重"实践性"。

（4）高等职业教育和普通高等教育在教学管理上有所不同。普通高等教育在教学管理中更注重稳定性、长效性和学术自主性。相对而言，高等职业教育则更强调教学管理的灵活性、应变性、多重协调性和目标导向性。

（5）普通高等教育需要的是基础理论扎实、学术水平高、科研能力强的教师队伍，高等职业教育需要的是既在理论讲解方面过硬，又在技艺和技能方面见长的"双师型"的教师队伍。

（6）高等职业教育和普通高等教育在生源、教育特色、实践能力等方面也存在一定差异。

二、大力发展高等职业教育

高等职业教育担负着培养适应社会需求的生产、管理、服务第一线应用型专门人才的使命，高等职业教育的改革发展对实施科教兴国战略和人才强国战略有着极为重要的意义。随着经济体制改革的不断深入和国民经济的快速发展，制造业、服务业等行业的技术应用型人才紧缺的状况越来越突出，它直接影响了生产规模和产品质量，制约了产业的发展，影响了国际竞争力的增强。因此，国家十分强调要"大力发展高等职业教育"。

中国大力发展高等职业教育，高职教育规模大增，2011年具有普通高等学历教育招生资格的高等职业学校数量达到1276所，占普通高等学校总数的60%。2011年全国普通高职院校招生人数为325万人，占普通高等学校招生总数的47.7%。

2006年11月16日颁布的文件《教育部关于全面提高高等职业教育教学质量的若干意见》（教高〔2006〕16号）中明确指出："高等职业教育作为高等教育发展中的一个类型，肩负着培养面向生产、建设、服务和管理第一线需要的高技能人才的使命，在加快推进社会主义现代化建设进程中具有不可替代的作用。"同时，开始实施被称为"高职211工程"的"国家示范性高等职业院校建设计划"，力争到2020年出现20所文化底蕴丰厚、办学功底扎实、具有核心发展力且被国外高等职业教育界广泛认可的世界著名高职院校；重点建设100所办学特色鲜明、教学质量优良、在全国起引领示范作用的高职院校；重点建设1000个技术含量高，社会适应性强，有地方特色和行业优势的品牌专业。截至2008年，教育部和财政部已经正式遴选出了天津职业大学、成都航空职业技术学院、深圳职业技术学院等100所国家示范性高等职业院校建设单位和8所重点培育院校。自此我国高等职业教育和高职院校进入了一个前所未有的新的发展历史时期。

《中共中央关于制定国民经济和社会发展第十二个五年规划的建议》中提到：加快教育改革发展。全面贯彻党的教育方针，保障公民依法享有受教育的权利，办好人民满意的教育。按照优先发展、育人为本、改革创新、促进公平、提高质量的要求，深化教育教学改革，推动教育事业科学发展。全面推进素质教育，遵循教育规律和学生身心发展规律，坚持德育为先、能力为重，促进学生德智体美全面发展。积极发展学前教育，巩固提高义务教育质量和水平，加快普及高中阶段教育，大力发展职业教育，全面提高高等教育质量，加快发展继续教育，支持民族教育、特殊教育发展，建设全民学习、终身学习的学习型社会。

《教育规划纲要》中也提出建立健全政府主导、行业指导、企业参与的办学机制，制定促进校企合作办学法规，推进校企合作制度化。鼓励行业组织、企业举办职业学校，鼓励委托职业学校进行职工培训。制定优惠政策，鼓励企业接收学生实习实训和教师实践，鼓励企业加大对职业教育的投入。

《国务院办公厅关于开展国家教育体制改革试点的通知》也提出改革职业教育办学模式，构建现代职业教育体系，并提出了若干试点建设城市。天津分别被列入"建立健全政府主导、行业指导、企业参与的办学体制机制，创新政府、行业及社会各方分担职业教育基础能力建设机制，推进校企合作制度化"的试点城市；"开展中等职业学校专业规范化建设，加强职业学校'双师型'教师队伍建设，探索职业教育集团化办学模式"的试点城市；"探索建立职业教育人才成长'立交桥'，构建现代职业教育体系"的试点城市。

借助国家大力发展高等职业教育的东风，高职院校将优化资源配置、积极探索多样化的办学模式，促进教学改革和课程改革等。高职院校将有更多机会筹建各类实训基地、参与及组织各类职业技能竞赛，实现健全技能型人才培养体系，推动普通教育与职业教育相互沟通，相互借鉴，为学生提供更好的学习平台，提升学生的职业素养，与企业实现零距离接轨，更快的服务于区域经济发展。

三、专业、职业、工种、岗位的内涵

以工学结合为特色、以就业为导向、以服务为宗旨是高等职业院校的办学理念。鉴于此，学生入校以来就要和企业需求紧密结合。在入学之初，及早了解专业与职业、工种及岗位之间的联系，将更有利于开展今后的学习。

（一）专业

根据《普通高等学校高职高专教育专业设置管理办法（试行）》，由教育部组织制定的《普通高等学校高职高专教育指导性专业目录》（以下简称《目录》）是国家对高职高专教育进行宏观指导的基本文件，是指导高等学校设置和调整专业，教育行政部门进行教育统计和人才预测等工作的重要依据，也可作为社会用人单位选择和接收毕业生的重要参考。

《目录》所列专业是根据高职高专教育的特点，以职业岗位群或行业为主兼顾学科分类的原则进行划分的，体现了职业性与学科性的结合，并兼顾了与本科目录的衔接。专业名称采取了"宽窄并存"的做法，专业内涵体现了多样性与普遍性相结合的特点，同一名称的专业，不同地区不同院校可以且提倡有不同的侧重与特点。《目录》分设农林牧渔、交通运输、生化与药品、资源开发与测绘、材料与能源、土建、水利、制造、电子信息、环保气象与安全、轻纺食品、财经、医药卫生、旅游、公共事业、文化教育、艺术设计传媒、公安、法律等。

（二）职业

职业是参与社会分工，利用专门的知识和技能，为社会创造物质财富和精神财富，获取合理报酬，作为物质生活来源，并满足精神需求的工作。我国职业分类主要有两种类型。

第一种职业分类：根据国家质量监督检验检疫总局、国家标准化管理委员会 2009 年 5 月 6 日发布、2009 年 11 月 1 日开始实施的《职业分类与代码》（GB/T 6565—2009）。该标准依据在业人口所从事的工作性质的同一性进行分类，将全国范围内的职业划分为大类、中类、小类三层，即 8 大类、65 中类、410 小类。8 个大类的排列顺序：第一大类，国家机关、党群组织、企事业单位的负责人；第二大类，专业技术人员；第三大类，办事人员和有关人员；第四大类，商业、服务业人员；第五大类，农、林、牧、渔、水利业生产人员；第六大类，生产、运输设备操作人员及有关人员；第七大类，军人；第八大类，不便分类的其他从业人员。

第二种职业分类：根据国家质量监督检验检疫总局、国家标准化管理委员会于 2011 年 4 月 29 日发布、2011 年 11 月 1 日开始实施的《国民经济行业分类》（GB/T 4754—2011）。本标准采用经济活动的同质性原则划分国民经济行业，即每一个行业类别按照同一种经济活动的性质划分，而不是依据编制、会计制度或部门管理等划分。将国民经济行业划分为门类、大类、中类、小类四级。门类共 20 个：A. 农、林、牧、渔、水利业；B. 采矿业；C. 制造业；D. 电力、热力、燃气及水生产和供应业；E. 建筑业；F. 批发和零售业；G. 交通运输、仓储和邮政业；H. 住宿和餐饮业；I. 信息传输、软件和信息技术服务业；J. 金融业；K. 房地产业；L. 租赁和商务服务业；M. 科学研究和技术服务业；N. 水利、环境和公共设施管理业；O. 居民服务、修理和其他服务业；P. 教育；Q. 卫生和社会工作；R. 文化、体育和娱乐业；S. 公共管理、社会保障和社会组织；T. 国际组织。

这两种分类方法符合中国国情，简明扼要，具有实用性，也符合中国的职业现状。

1. 职业资格

职业资格是对从事某一职业所必备的学识、技术和能力的基本要求。

职业资格包括从业资格和执业资格。从业资格是指从事某一专业（职业）学识、技术和能力的起点标准。执业资格是指政府对某些责任较大，社会通用性强，关系公共利益的专业（职业）实行准入控制，是依法独立开业或从事某一特定专业（职业）学识、技术和能力的必备标准。

2. 职业资格证书

职业资格证书是劳动就业制度的一项重要内容，也是一种特殊形式的国家考试制度。它是指按照国家制定的职业技能标准或任职资格条件，通过政府认定的考核鉴定机构，对劳动者的技能水平或职业资格进行客观公正、科学规范的评价和鉴定，对合格者授予相应的国家职业资格证书。

《中华人民共和国劳动法》第八章第六十九条规定：国家确定职业分类，对规定的职业制定职业技能标准，实行职业资格证书制度，由经过政府批准的考核鉴定机构负责对劳动者实施职业技能考核鉴定。

《中华人民共和国职业教育法》第一章第八条明确指出：实施职业教

育应当根据实际需要，同国家制定的职业分类和职业等级标准相适应，实行学历文凭、培训证书和职业资格证书制度。

这些法律条款确定了国家推行职业资格证书制度和开展职业技能鉴定的法律依据。

3. 职业资格等级证书等级

职业资格证书分为五个等级：初级工（五级）、中级工（四级）、高级工（三级）、技师（二级）和高级技师（一级）。

（三）工种

工种是根据劳动管理的需要，按照生产劳动的性质、工艺技术的特征或者服务活动的特点而划分的工作种类。

目前大多数工种是以企业的专业分工和劳动组织的基本状况为依据，从企业生产技术和劳动管理的普遍水平出发，为适应合理组织劳动分工的需要，根据工作岗位的稳定程度和工作量的饱满程度，结合技术发展和劳动组织改善等方面的因素进行划分的。

与保健品开发与管理（营销）专业相关的工种有：医药商品储运员、医药商品购销员、健康管理师（试行）、公共营养师（试行）、芳香保健师、保健按摩师、保健刮痧师、中药购销员等。

（四）岗位

岗位是组织为完成某项任务而确立的，由工种、职务、职称和等级内容组成。岗位职责指一个岗位所要求的需要去完成的工作内容以及应当承担的责任范围。

与保健品开发与管理（营销）专业相关的岗位有：保健食品原料采购岗、保健食品原料验收岗、保健食品原料储存养护岗、保健食品物料调配与转运岗、保健药材加工提取岗、保健食品制剂工艺岗、保健食品生产管理岗、保健食品质量控制检验岗、保健食品质量管理岗、保健品营销管理岗、保健品销售代表、保健品门店销售岗、保健品门店管理岗、保健品客服专员、保健品批发与连锁采购岗、保健品批发与连锁储运岗、保健品批发与连锁营销管理岗、保健品批发与连锁质量管理岗等。

总体来看，选择学习哪一专业，就意味着今后进入哪一行业，从事何种职业的机会更大一些。要积极面对专业课程的学习，同时寻求拓展专业知识的机会，有条件的基础上，可以自学其他专业的课程，增加自己的职场竞争力。

四、高等职业教育实行双证书制度

所谓双证书制，是指高职院校毕业生在完成专业学历教育获得毕业文凭的同时，必须参与其专业相衔接的国家就业准入资格考试并获得相应的职业资格证书。即高等职业院校的毕业生应取得学历和技术等级或职业资格两种证书的制度。

高职学历证书与职业资格证书既有紧密联系，又有明显区别。高职学历教育与职业资格证书制度的根本方向和主要目的具有一致性，都是为了促进从业人员职业能力的提高，有效地促进有劳动能力的公民实现就业和再就业，二者都以职业活动的需要作为基本依据。但是，二者又不能相互等同、相互取代。职业资格标准的确定仅以社会职业需要为依据，是关于"事"的标准，主要是为了维护用人单位的利益和社会公共利益。学历教育与职业资格的考核方式也存在明显不同。职业资格鉴定只是一种终结性的考核评价，而学历教育既注重毕业时和课程结束时的终结性考核评价，更注重学习过程中的发展性评价。为了达到教育目标，学历教育可以采用标准参照，也可以采用常模参照，而职业资格鉴定仅采用标准参照。此外，职业资格鉴定要规定从业者的工作经历，而毕业证书的发放则要规定学习者的学习经历。

双证书制度是在高等职业教育改革形势下应运而生的一种新的制度设计，是对传统高职教育的规范和调整。实行双证书制度是国家教育法规的要求，是人才市场的要求，也是高等职业教育自身的特性和社会的需要。

（一）实行双证书制度是国家教育法规的要求

几年来国家在许多法规和政策性文件中提出了实行双证书制度的要求。1996年颁布的《中华人民共和国职业教育法》规定"实施职业教育应当根据实际需要，同国家制定的职业分类和职业等级标准相适应，实行学历证书、培训证书和职业资格证书制度。"并明确"学历证书、培训证书按照国家有关规定，作为职业学校、职业培训机构的毕业生、结业生从业的凭证。"《关于实施〈职业教育法〉加快发展职业教育的若干意见》中详细说明"要逐步推行学历证书或培训证书和职业资格证书两种证书制度。接受职业学校教育的学生，经所在学校考试合格，按照国家有关规定，发给学历证书；接受职业培训的学生，经所在职业培训机构或职业学校考核合格，按照国家有关规定，发给培训证书。对职业学校或职业培训机构的毕（结）业生，要按照国家制定的职业分类和职业等级、职业技能标准，开展职业技能考核鉴定，考核合格的，按照国家有关规定，发给职业资格证书。学历证书、培训证书和职业资格证书作为从事相应职业的凭证。"《教育规划纲要》提到要增强职业教育吸引力，完善职业教育支持政策。积极推进学历证书和职业资格证书双证书制度，推进职业学校专业课程内容和职业标准相衔接。完善就业准入制度，执行"先培训、后就业"、"先培训、后上岗"的规定。

以上法律、规定为实行双证书制度提供了法律依据和政策保证。

（二）实行双证书制度是社会人才市场的要求

随着社会主义市场经济的发展，社会人才市场对从业人员素质的要求越来越高，特别是对高级实用型人才的需求更讲究"适用"、"效率"和"效益"，要求应职人员职业能力强，上岗快。这就要求高等职业院校的毕业生，在校期间就要完成上岗前的职业训练，具有独立从事某种职业岗位工作的职业能力。双证书制度正是为此目的而探索的教育模式，职业资格证书是高职毕业生职业能力的证明，谁持有的职业资格证书多，谁的从业选择性就大，就业机会就多。

（三）实行双证书制度是高职教育自身的特性

高等职业教育是培养面向基层生产、服务和管理第一线的高级实用型人才。双证书是实用型人才的知识、技能、能力和素质的体现和证明，特别是技术等级证书或职业资格证书是高等职业院校毕业生能够直接从事某种职业岗位的凭证。因此，实行双证书制度是高等职业教育自身的特性和实现培养目标的要求。

高等职业教育实行双证书制度主旨在于提高高职院校学生的就业竞争力，确保学生毕业后能够学有所用，大力服务于企业发展及社会主义经济建设。

五、高职毕业生，职场上的香饽饽

（一）全国就业整体形势

《国务院关于批转促进就业规划（2011～2015 年）的通知》中对"十二五"时期面临的就业形势做出明确阐述："十二五"时期，我国就业形势将更加复杂，就业总量压力将继续加大，劳动者技能与岗位需求不相适应、劳动力供给与企业用工需求不相匹配的结构性矛盾将更加突出，就业任务更加繁重。

（二）政策措施

1. 促进以创业带动就业

健全创业培训体系，鼓励高等和中等职业学校开设创业培训课程。健全创业服务体系，为创业者提供项目信息、政策咨询、开业指导、融资服务、人力资源服务、跟踪扶持，鼓励有条件的地方建设一批示范性的创业孵化基地。

2. 统筹做好城乡、重点群体就业工作

切实做好高校毕业生和其他青年群体的就业工作。

一方面继续把高校毕业生就业放在就业工作的首位，积极拓展高校毕业生就业领域，鼓励中小企业吸纳高校毕业生就业。鼓励引导高校毕业生面向城乡基层、中西部地区以及民族地区、贫困地区和艰苦边远地区就业，落实各项扶持政策。

另一方面，鼓励高校毕业生自主创业、支持高校毕业生参加就业见习和职业培训。

（三）大力培养急需紧缺人才

《中华人民共和国国民经济和社会发展第十二个五年规划纲要》提出教育和人才工作发展任务创新驱动实施科教兴国和人才强国战略。其中提到促进各类人才队伍协调发展。涉及要大力开发装备制造、生物技术、新材料、航空航天、国际商务、能源资源、农业科技等经济领域和教育、文化、政法、医药卫生等社会领域急需紧缺专门人才，统筹推进党政、企业经营管理、专业技术、高技能、农村实用、社会工作等各类人才队伍建设，实现人才数量充足、结构合理、整体素质和创新能力显著提升，满足经济社会发展对人才的多样化需求。

（四）高职生就业现状

在政策扶持下，高职高专院校毕业生就业率连年攀升。经过多年的发展，秉持以就业为导向的办学目标，不少高职高专院校终于百炼成钢，摸准了市场的脉搏，按照市场需求培养的学生就成了就业市场上的"香饽饽"。

高职院校就业率高的主要原因在于培养的人才"适销对路"，职业能力强、专业对口人才紧缺、订单式培养是高职毕业生就业率走高的根本原因。各高职学院积极地与企业合作，根据市场需求进行课程开发；通过校企合作，企业把车间搬到学院，或者学生到企业以场中校的形式，把学生的实践环节做足做实，真正的与就业零距离接触。越来越多的用人单位讲究人才的优化配置，做到人岗匹配，对某些岗位来说，录用高职生比录用本科生可以花费更少的薪酬及培训成本，而获得更好的用人效果。

很多高职学生通过在校期间参加各类实训、工学交替、订单培养班及技能大赛等，练就了一身本领，拿到了相关的职业资格证书，掌握了企业急需的专业技能，这些磨砺使企业看到了他们的价值，帮助他们确立了在企业中的工作岗位，有些甚至成为用人单位后备人才培养对象。

社会经济发展趋势及企业对技能型人才的需求越旺盛，高职毕业生的优势就越来越凸现，有些高职学生还没有毕业就被用人单位提前预订，有些在学期间就能拿着比不少本科毕业生还要高的薪水。

　　当然，高职毕业生不应满足于眼前的高就业率，更应为个人今后长期的职业发展做出更好的规划，要不断提升个人学历层次和技能水平，以满足不断变化的市场需求，使自己长期处于优势地位。

项目二 学习技能

【学习目标】

知识目标：了解本专业基本情况、本专业的课程设置及技能要求。

技能目标：掌握本专业的主要技能目标，为技能学习做准备，激发学习兴趣。

任务一 了解保健品开发与管理专业课程体系与教学内容

一、保健品开发与管理专业概况

保健品开发与管理专业是天津生物工程职业技术学院 2014 年新增设的专业之一，专业代码是 530404，在高等职业教育专业分类中属于生化与药品大类中的食品药品管理类。

（一）本专业培养目标

1. 国内本专业开办情况

目前，国内有 7 所高职院校设置本专业（包括天津生物工程职业技术学院、福建生物工程职业技术学院、西安海棠职业技术学院、福建卫生职业技术学院、亳州职业技术学院、黑龙江职业学院和云南新兴职业学院），各个学院培养学生的侧重点有所不同，属于近几年的新兴专业。

天津生物工程职业技术学院的保健品开发与管理专业是在中药专业、食品检验专业和药品经营专业的基础上，充分利用校内师资和教学设施，结合社会需求而开设的，中药专业开办已经有55年了，药品经营与管理专业是在二十余年成人医药专科教育的基础上开设的，这些专业都积累了丰富的办学经验，完成了大量的教学和培训任务，众多医药企业非常青睐天津生物工程职业技术学院的毕业生。

2. 培养目标

培养德（思想品德）、智（基础理论）、技（职业技能）、体（身心素质）全面发展，具有现代营销观念，适应现代化保健品研发、生产和经营等一线岗位需要，掌握保健品的生产、经营和使用等所必需的实践操作技能和基本理论知识，具有良好的职业素质和文化修养，面向医药保健行业，从事保健品的营销、生产、市场开发、质量管理、经营管理等岗位的技术技能型人才。

毕业取得"医药商品购销员"岗位技能证书。

（二）人才培养规格

1. 基本素质

具备良好的职业道德和公众健康责任感。遵纪守法，具有依法从业的观念；具有保健品行业鲜明的质量安全意识；富有爱心、同情心、责任感，诚实守信、谦虚正直、沟通合作；善于学习，不断更新自己的文化知识和专业知识，与时俱进；具有理智、乐观、豁达的性格，具备自我心理调整能力。

2. 知识要求

（1）具有保健食品、药妆品、保健器械和保健中药材等生产、经营和使用的一般知识。

（2）熟悉必要的医药保健原理知识，掌握必要的中医药保健基本理论和基础知识。

（3）熟悉保健食品原理，掌握常见保健食品生产工艺和质量检验技术。

（4）了解保健食品生产和经营的法律法规，熟悉保健食品生产和经营一般过程。

（5）熟悉保健品市场营销策略，掌握保健品销售、市场开发基本技术和技能。

（6）熟悉现代保健食品企业质量管理技术，掌握保健食品企业规范认证的基本方法。

（7）熟悉各类保健食品知识及应用。

3. 能力要求

（1）具有专业岗位工作需要的较强的文字、语言表达能力。

（2）具有英语阅读能力，能够阅读本专业一般英文资料，借助工具能对进口保健食品标签和说明书进行翻译。能使用简单英语，向外籍顾客介绍保健品。

（3）能够应用常用计算机编辑软件、管理软件、通讯软件，并达到相应的水平。

（4）具备对保健品市场的考察调研能力和开发能力。

（5）具有营养保健服务与指导能力。能够解释保健食品使用说明书。

（6）可从事保健食品一般的生产和常规检验，会运用《保健品良好生产规范》指导生产和经营。

（7）具有获取新技术、新工艺等信息的能力，具有组织保健食品营销、策划、商务谈判、会展组织等方面的能力。

（8）具有运用所学知识，查阅相关文献解决实际问题的能力。

（9）能够依据职业认知，合理规划职业生涯，具备可持续发展的能力。

（10）具备继续学习和适应职业变化的能力，具有一定的创新能力。

（11）具备与人沟通的能力，能够从沟通中获得所需信息并准确表达个人信息。

（12）具有强烈的团队意识，能够与他人协作完成既定任务。

4. 素质要求

具有开拓创新精神、吃苦耐劳、团队协作精神及良好的职业道德，具有健康的体魄、健全的人格及良好的心理素质。

（三）课程设置

专业课程设置主要体现在以下四大模块。

1. 保健品基本知识模块

保健品基本知识模块是作为保健品开发与管理专业毕业生必须知道的基本常识，主要课程有：保健药材识别技术、人体营养与保健、中医药养生与保健、人体经络与腧穴、保健食品原理、家庭保健器械使用常识、保健食品企业管理等。

2. 保健食品生产领域技能模块

保健食品生产领域技能模块是作为保健品专业毕业生在保健品生产企业应知应会的一般技能，主要课程有：化验员基本操作技术、中药提取技术、保健食品制剂技术、保健食品检验技术、保健食品质量管理技术等。

3. 保健食品经营领域技能模块

保健食品经营领域技能模块是作为保健品开发与管理专业毕业生在保健品经营企业应知应会的一般技能，主要课程有：保健品营销与策划、保健品采购技术、保健品销售与服务技术、医药商品保管与养护、商业会计原理、中药保健方剂、保健品门店工作实务、医药商品购销存管理系统使用、商务礼仪与谈判等。

4. 专业拓展模块

专业拓展模块是作为保健品开发与管理专业毕业生在保健品行业拓展就业领域的一些选修课程，主要分为三个方向：①保健品直销方向课程有：公共关系、保健品广告创意欣赏、保健品直销与口才；②保健服务方向课程有：家庭保健服务指导、中药美容与保健、保健药品基础知识；③自主创业方向课程有：创业者模拟演练沙盘、网店管家、创业故事。

（四）师资队伍

保健品开发与管理专业拥有教学、生产、经营及销售经验丰富的教师团队，本专业教学需要教师具有较丰富的生产、储存和销售方面的经验，故选聘了多名具有企业工作经验的教师承担专业教学和实训指导工作，这当中来自保健品经营企业有销售工作经验的教师 2 人；业余时间在保健品企业兼职的质量管理人员 3 人；业余时间在保健品零售及管理岗位工作的人员 2 人。

在本专业所选聘的 18 名专任教师中有硕士及硕士以上学历的人员 9 人，占 50%，副高职称以上人员 9 人，占 50%，双师素质教师 11 人，占 61%。

本专业兼职教师有两名，均来自企业并在所从事的行业领域具有丰富的实践经验和管理经验，熟悉本行业的技术规范和管理规范，精通专业操作技能。

（五）就业方向

1. 初始岗位群

从事保健品生产、营销、储运和门店零售等相关岗位工作。

2. 主要职业岗位群

（1）保健食品生产企业　质量管理岗、生产管理岗、营销管理岗，储运岗，销售代表，客服专员等。

（2）保健品经营企业　保健品采购岗、质量管理岗、营销管理岗、验收岗、养护岗、配送岗、门店经理、门店质量负责人等。

3. 相近职业岗位群

医疗保健、中药养生、社区健康服务、家庭保健等。

（六）毕业条件

本专业学生必须修完《专业人才培养方案》规定课程，成绩达合格标准，完成相应的顶岗实习及毕业设计，并获取医药商品购销员（高级）职业资格证书、英语应用能力证书、计算机一级证书后，准许毕业。

二、保健品开发与管理专业课程体系与核心课程

（一）课程体系的架构与说明

在保健品开发与管理专业课程体系结构中，除国家规定的思政课程、军体课程以外，将其他课程按照高技能人才培养的一般规律，结合发展的岗位工作内容，对相关知识、技能和素质要求进行梳理，将课程体系划分成公共基础、专业基础、专业核心、专业拓展等模块。其中，公共基础和专业基础模块围绕专业核心模块的要求，安排理论与实践教学内容，专业核心模块的教学内容是以体现完成保健品开发与管理相关岗位工作任务的知识、技能、素质的综合应用为核心的，同时辐射相近岗位和发展岗位的工作内容的要求。专业核心课程模块中尤其突出与岗位工作任务匹配的综合实训和顶岗实习，并把它们作为专业核心模块的中心内容。

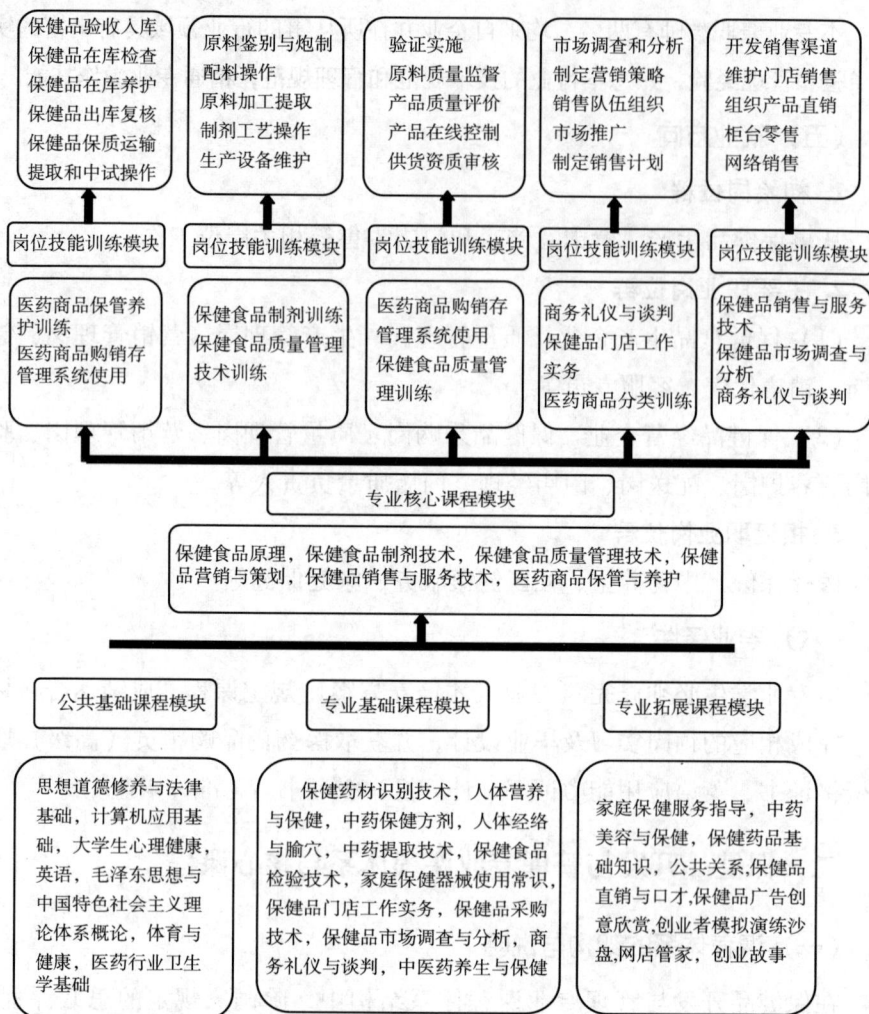

保健品验收入库 保健品在库检查 保健品在库养护 保健品出库复核 保健品保质运输 提取和中试操作	原料鉴别与炮制 配料操作 原料加工提取 制剂工艺操作 生产设备维护	验证实施 原料质量监督 产品质量评价 产品在线控制 供货资质审核	市场调查和分析 制定营销策略 销售队伍组织 市场推广 制定销售计划	开发销售渠道 维护门店销售 组织产品直销 柜台零售 网络销售
岗位技能训练模块	岗位技能训练模块	岗位技能训练模块	岗位技能训练模块	岗位技能训练模块
医药商品保管养护训练 医药商品购销存管理系统使用	保健食品制剂训练 保健食品质量管理技术训练	医药商品购销存管理系统使用 保健食品质量管理训练	商务礼仪与谈判 保健品门店工作实务 医药商品分类训练	保健品销售与服务技术 保健品市场调查与分析 商务礼仪与谈判

专业核心课程模块

保健食品原理，保健食品制剂技术，保健食品质量管理技术，保健品营销与策划，保健品销售与服务技术，医药商品保管与养护

公共基础课程模块	专业基础课程模块	专业拓展课程模块
思想道德修养与法律基础，计算机应用基础，大学生心理健康，英语，毛泽东思想与中国特色社会主义理论体系概论，体育与健康，医药行业卫生学基础	保健药材识别技术，人体营养与保健，中药保健方剂，人体经络与腧穴，中药提取技术，保健食品检验技术，家庭保健器械使用常识，保健品门店工作实务，保健品采购技术，保健品市场调查与分析，商务礼仪与谈判，中医药养生与保健	家庭保健服务指导，中药美容与保健，保健药品基础知识，公共关系，保健品直销与口才，保健品广告创意欣赏，创业者模拟演练沙盘,网店管家，创业故事

图 2 – 1   保健品开发与管理专业课程体系构架图

（二）课程安排与教学进程

课程安排既要考虑各门课程之间知识模块的逻辑衔接，又要考虑统考课程及取证，既要考虑校内师资的合理调配，同时又要考虑学生每一学期的学习负担大小，保健品开发与管理专业 2014 级课程安排、教学进程见表 2 – 1。

表 2 –1 保健品开发与管理（营销方向）专业教学进程表

分类	序号	课程	学时				学分	考试	考查	学时分配					
			合计	理论教学	实验实训	集中实践教学				第一学年		第二学年		第三学年	
										1	2	3	4	5	6
										16/16	16/18	16/18	16/18	8/18	0/16
职业基础课	1	思想道德修养与法律基础	48	48	0		3	1		3					
	2	计算机应用基础	64	32	32		4	1		4					
	3	大学生心理健康	32	32	0		2	1		2					
	4	医药行业安全规范	32	16	16		2	1		2					
	5	医药行业卫生学基础 *	32				2	1		2					
	6	英语	128	128			8	1	2	4	4				
	7	毛泽东思想和中国特色社会主义理论体系概论	64	64	0		4	2			4				
	8	军事理论	32	32	0		2	1		2					
	9	体育与健康	96	96	0		6	1~3		2	2	2			
	10	医药职业道德与就业指导	32	32	0		2	4					2		
	11	形势与政策	16	16	0		1			(1)	(1)	(1)	(1)		
		小计	576	496	48		36			21	10	2	2		
职业技术课	12	化验员基本操作技术	48	28	20		3	1		3					
	13	人体经络与腧穴	32	20	12		2	2			2				
	14	保健药材识别技术	32	16	16		2	2			2				
	15	保健食品原理※	80	56	24		5	2			5				
	16	中医药养生与保健	48	32	16		3	2			3				
	17	人体营养与保健	64	48	16		4	3				4			
	18	中药提取技术	64	40	24		4	3				4			
	19	保健品营销与策划※	80	44	36		3	3				5			
	20	商业会计原理	48	32	16		3	3				3			
	21	医药商品保管与养护※	64				4	3				4			
	22	保健食品制剂技术※	64	40	24		4	4					4		
	23	保健食品检验技术	64	44	20		4	4					4		
	24	中药保健方剂	48	32	16		3	4					3		
	25	保健品销售与服务技术 *※	64				4	4					4		
	26	保健食品质量管理技术 *※	80				5	4					5		
	27	家庭保健器械使用常识	64	40	24		4	5						8	
	28	保健品采购技术	32	20	12		2	5						4	
	29	保健食品企业管理	48	32	16		3	5						6	
	30	商务礼仪与谈判 *	48				3	5						6	
		小计	1072	524	292		67			3	12	20	20	24	

续表

分类	序号	课程	学时				学分	考试	考查	学时分配					
			合计	理论教学	实验实训	集中实践教学				第一学年		第二学年		第三学年	
										1	2	3	4	5	6
										16/16	16/18	16/18	16/18	8/18	0/16
技术训练课	31	保健品市场调查与分析				60	2		2		2周				
	32	医药商品分类训练				60	2		3			2周			
	33	医药商品购销存管理系统使用				60	2		4				2周		
	34	保健品门店工作实务				60	2		5					2周	
		小计				240	8								
毕业环节	35	顶岗实习				600	20	5~6						8周	12周
	36	毕业设计				120	4	6							
		小计				720	24							8周	12周
选修课	37	公共关系	32	32			2		2		2				
		保健品广告创意欣赏	32	32											
		保健品直销与口才	32	32											
	38	家庭医学服务指导	32	32			2		3				2		
		中药美容与保健	32	32											
		保健药品基础知识	32	32											
	39	创业者模拟演练沙盘	32	32			2		4					2	
		网店管家	32	32											
		创业故事	32	32											
		小计	96	96			6					2	2	2	
总课时			2704	1744	1116	340	960	141			24	24	24	24	24

说明：1. 形势与政策在 1~4 学期开设，每学期开课 1 次，4 学时/次。

2. 一体化课程以课程名称后加"＊"号的形式表示；核心课程后加"※"。

3. 集中实践课程和实习类课程每天按 6 学时计算，一周 5 天，共 30 学时，记为 1 学分。

4. 选修课必选 3 门，其中第 37 门为人文素质课，第 38 门为专业拓展课，第 39 门为创业发展课，共 96 课时，至少选 6 学分，最多 10 学分。

5. 军训、专业入门教育在第一学期 1~2 周开设；医药行业社会实践在第 1~4 学期利用周五下午进行，不占用课时。

6. 第 5 学期第 11 周开始顶岗实习；第 6 学期前 12 周顶岗实习，后 4 周为毕业设计教学环节安排时间。

第一学年,完成公共基础课程的学习;

第二学年,完成专业核心基础课程和专业核心技术课程的学习;

第三学年,完成岗位综合实训和顶岗实习。

(三) 主要课程介绍

1. 思想道德修养与法律基础

本课程是高校思想政治理论课的必修课程。该课程从当代大学生面临和关心的实际问题出发,以正确的人生观、价值观、道德观和法制观教育为主线,通过理论学习和实践体验,帮助大学生形成崇高的理想信念,弘扬伟大的爱国主义精神,确立正确的人生观和价值观,牢固树立社会主义荣辱观,培养良好的思想道德素质和法律素质,进一步提高分辨是非、善恶、美丑和加强自我修养的能力,为逐渐成为德智体美全面发展的社会主义事业的合格建设者和可靠接班人,打下扎实的思想道德和法律基础。

2. 计算机应用基础

本课程教学内容包括计算机基础知识、操作系统、汉字输入方法、中文 Word 的使用、中文 Excel 的使用、中文 PowerPoint 的使用、计算机网络与 Internet、计算机外部设备、常用工具软件。

通过本课程的教学,不仅让学生掌握计算机的基础知识,而且初步具有利用计算机分析问题、解决问题的意识与能力,提高学生的计算机素质,为将来应用计算机知识和技能解决专业实际问题打下基础;通过天津市高等职业教育计算机应用能力等级考试一级。

3. 大学生心理健康

本课程以邓小平理论、"三个代表"重要思想为指导,深入贯彻落实科学发展观,坚持心理和谐的教育理念,对学生进行心理健康的基本知识、方法和意识的教育。其任务是提高全体学生的心理素质,帮助学生正确认识和处理成长、学习、生活和求职就业中遇到的心理行为问题,促进其身心全面和谐发展。帮助学生了解心理健康的基本知识,树立心理健康意识,掌握心理调适的方法。指导学生正确处理各种人际关系,学会合作与竞争,培养职业兴趣,提高应对挫折、求职就业、适应社会的能力。正确认识自我，学会有效学习，确立符合自身发展的积极生活目标，培养责任感、义务感和创新精神，养成自信、自律、敬业、乐群的心理品质，提高全体学生的心理健康水平和职业心理素质。

4. 医药行业安全规范

本课程教学内容包括医药行业防火防爆防毒安全生产管理、医药行业电气安全管理和医药行业职工健康保护三方面的知识。通过本课程的学习，学生可以提高安全生产的意识并具备一定的安全防护和急救技能。

5. 医药行业卫生学基础

本课程教学内容包括微生物基础知识、药品生产过程中卫生管理知识和要求、药品制造车间的洁净区作业知识以及医药行业常用的消毒灭菌技术。通过本课程的学习，使学生掌握 GMP 对制药卫生的具体要求和基本技能并具备药品生产企业的生产和卫生管理等能力。使学生具备运用消毒和灭菌技术对制药环境、车间、工艺、个人卫生进行管理的能力；培养学生养成遵纪守法、善于与人沟通合作、求实敬业的良好职业素质。

6. 英语

本课程是一门公共英语课程，注重语言基本技能的训练与培养使用能力相结合，使二者融为一体，并贯彻始终。听、说、读、写技能的培养有分有合，突出综合训练，做到"学为了用，学用结合"，把握"应用与应试"结合，"以应用为目的，实用为主，够用为度"的教学方向。

本课程教学内容以实用英语为基础，培养学生实际应用能力。使学生做到："听"懂 对话及短文，并能完成对应练习；"说"出简单的与日常生活相关的话题；"读"懂篇幅适中的文章；"写"出实用性作文，尽量避免语法错误，用词恰当；掌握相关的语法知识；通过高等学校英语应用能力 B 级考试。

7. 毛泽东思想和中国特色社会主义理论体系概论

本课程是高校大学生必修的马克思主义理论课程。课程比较系统地论述了毛泽东思想、邓小平理论、"三个代表"重要思想和科学发展观的科学内涵、形成发展过程、科学体系、历史地位、指导意义、基本观点以及中国特色社会主义建设的路线、方针、政策。本课程的主要任务是通过学习，让当代大学生理解毛泽东思想和中国特色社会主义理论体系的基本知识与基本理论，树立建设中国特色社会主义的坚定信念，培养运用马克思主义的立场、观点和方法分析和解决问题的能力，增强在中国共产党领导下全面建设小康社会、加快推进社会主义现代化的自觉性和坚定性；引导大学生正确认识肩负的历史使命，努力成为德智体美全面发展的中国特色社会主义事业的建设者和接班人。

8. 体育与健康

本课程打破以竞技运动为内容、以身体素质和技能达标为目标的传统体育教学体系，确立了以终身体育意识和运动技能为内容、以学生身心健康为目标的新型体育教学体系，改变了单一课堂教学的狭隘模式，构建了集课堂教学、课外锻炼、运动训练为一体的课内外一体化的课程教学新模式。教学方法也突破了长年沿袭的重视竞技运动技能教学的形式，转向根据普通大学生的身心特点和终身体育需求进行教学，创建了新型的教学体系。根据学生人才培养方案，在教学过程中注重"工学结合"，全面推进学生素质教育，深化体育教学改革，树立"健康第一"的指导思想，以学生的心理活动为导向，面向全体学生，做到人人享有体育，人人都有进步，人人拥有健康。

9. 军事理论

开设军事理论课程是国家法律赋予高校的义务，是培养高素质国防后备力量的有效途径，是高等教育的重要组成部分，有利于做好征集大学生入伍工作。本课程主要讲授军事基本理论知识，要求学生能够掌握军事基本理论，对国防的重要性有较为深刻的了解与认识。

10. 医药行业职业道德与就业创业指导

本课程教学内容包括医药行业企业认知、职业道德基本规范、医药行业职业道德规范及修养、职业生涯规划设计、中外大学生职业生涯规划对比、树立正确的就业观、求职准备、就业有关制度法律等内容。通过认知医药行业企业的特点、强化医药行业职业道德规范的重要性，正确教育和引导学生职业生涯发展的自主意识，树立正确的择业观、就业观，促使大学生理性地规划自身未来，促进学生知识、能力、人格协调发展，达到学会做人、学会做事，把不断实现自身价值与为国家和社会做出贡献统一起来。

11. 形势与政策

本课程以邓小平理论和"三个代表"重要思想为指导，全面贯彻落实科学发展观，构建社会主义和谐社会的指导思想，紧密结合国内外政治经济形势的发展变化，结合大学生思想实际，针对国内外重大热点问题进行引导教育，以期帮助大学生进一步树立正确的形势观、政策观、荣辱观，增强社会责任感和使命感，坚定在中国共产党领导下走中国特色社会主义道路的信心和决心，积极投身改革开放和现代化建设伟大事业。

12. 化验员基本操作技术

本课程全面介绍了检验工作完成整个分析过程所包括的取样、样品前处理、干扰组分分离及测定等各个步骤需要掌握的基本操作和实验技术。其中关于测定技术的介绍，包括经典的化学分析基本操作、紫外可见吸收光谱分析、高效液相色谱分析等分析仪器的基本操作和实验技术，以及仪器的使用方法，仪器的维护保养、检定及故障分析和排除等。

13. 保健药材识别技术

本课程主要介绍具有保健价值的中药材，内容包括药材性状识别、来源与产地、炮制加工方法以及保健食品组方构成等，重点突出保健药材的鉴别。

14. 人体营养与保健

本课程结合人体营养学、人体生理学、人体病理学、免疫学、生物化学和分子细胞生物学的相关知识，简明扼要而又系统地介绍人体所需要的营养以及每种营养的功能，人体免疫系统的组成、功能及人体免疫机制，营养成分与人体免疫的关系，中医、中药、食物与人体保健的关系，提出了提高人体免疫力，加强性功能、治疗男女不育、控制胎儿性别的方法和措施。简单介绍人体生长发育及衰老的机制及身高控制方法和延缓衰老的措施，以及肥胖病、脂肪肝、高血压、癌症等常见疾病的病理及防治。

15. 中医药养生与保健

本课程主要讲授中医药基本理论、中医药的保健原理、中医养生、中药食疗（药膳）、中医茶疗、中药药酒、中医美容理论以及简易中医疗法等内容。

16. 人体经络与腧穴

本课程主要介绍经络的基本概念、十二经脉的走向与交接规律、分布规律、流注次序和表里关系，奇经八脉的循行概况及其功能，经别、别络、经筋、皮部的循行概况及其功能，经络与腧穴在人体保健中的应用。

17. 中药提取技术

本课程主要中药传统的提取分离技术和近年来兴起的新技术，内容包括中药提取法（煎煮法、浸渍法、渗滤法、回流法、连续提取法、水蒸气蒸馏法、微波提取、超声波提取、超临界萃取、仿生提取及酶工程提取技术），成分分离技术（萃取分离、沉淀分离法、盐析法、结晶与重结晶法、透析法、高速离心分离技术、大孔吸附树脂技术、离子交换树脂技术及膜分离技术），浓缩干燥技术、粉碎技术等。

18. 商业会计原理

本课程主要内容包括：会计要素，会计等式和会计账户，复式记账，资产与所有者权益的核算，投资、负债、费用与利润的核算，商品购销的核算以及财务报告等内容。

19. 保健食品原理

本课程旨在使学生对保健食品的基本原理、政策法规等有一个系统的理解。内容包括保健食品概述、保健食品功能及功能原料、保健食品功效成分、保健食品常用剂型、保健食品研发生产和保健食品的申报与审批等内容。

20. 保健食品制剂技术

本课程重点介绍保健食品胶囊剂、片剂、口服液等常见剂型的制备原理、工艺过程和生产方法及主要设备的工作原理和操作、维护与清洁等内容。

21. 保健食品营销与策划

本课程主要讲授市场学的基本原理、保健食品市场营销策划概论、市场营销调研策划、市场营销环境分析、市场营销战略策划、市场定位策划、市场竞争策划、企业形象策划、顾客满意策划、产品策划、价格策划、分销策划、促销策划、市场营销创新策划、市场营销管理策划等，既全面反映了市场营销学的基本原理，又融入了保健食品营销策划的特点、创新技巧和鲜活案例。使学生掌握保健食品市场调查、预测和决策以及营销策略，培养较强的保健食品市场营销能力。

22. 保健食品检验技术

本课程主要讲授保健食品标示要求，检验样品的处理，保健食品原料与检验要求，保健食品常规剂型检验，保健食品通用检验标准（食品添加剂检验、食品卫生微生物学检验、食品中总砷、铅、汞的测定方法），食品营养强化剂检测，各类保健食品中标示性成分检测方法。

23. 中药保健方剂

本课程主要讲授中药的性能、中药方剂的组成、和解剂、消导剂、治燥剂、补益剂、安神剂、理气剂、平肝息风剂等。每首方剂，分解介绍处方组成、用法、功效、主治、方解、运用、使用注意、功用鉴别、附方、方歌等项。

24. 家庭保健器械使用常识

本课程主要介绍家庭常用保健器械的保健原理和使用方法，内容包括：物理疗法基础理论概要，低中高频脉冲电疗原理与治疗仪使用、磁疗原理与磁疗仪使用、超声波疗原理、温热疗原理、光疗原理、吸氧与家庭制氧机使用等。

25. 保健品采购技术

本课程主要讲授药品经营企业保健产品采购过程，包括保健品市场需求分析、采购渠道分析、保健品采购策略、保健品采购原则、保健品采购程序与采购方式、首营企业审核、首营品种审核、供货单位质量管理机构和质量管理体系查询与审核、货源质量分析、供货单位信誉分析、采购价格比较等。

26. 保健品企业管理

本课程简要介绍保健品企业组织与组织制度、企业战略管理、企业新产品开发管理、企业生产与运作管理、企业质量管理、企业营销管理、企业物流与供应链管理、企业人力资源管理、企业财务管理和企业危机管理等内容。

27. 保健食品质量管理技术

本课程主要介绍保健食品在研制、生产、经营、使用过程中，质量保证措施和实施办法，内容包括：质量保证体系与质量认证管理、保健食品良好生产质量管理规范实施、组织机构与人员、厂房与设施管理、设备管理、物料管理、卫生管理、验证、生产管理、质量管理、产品销售与售后服务、保健食品良好经营质量管理规范实施、组织与人员管理、质量管理文件、设施与设备、进货与质量验收、储存与养护管理、营销管理、运输与配送管理、认证管理等内容。

28. 保健品销售与服务技术

主要讲授保健品推销的基本概念、分类方法和保健品推销的本质内涵，了解现代推销技巧的发展状况和发展趋势，掌握保健品的适用人群和进行推销的方法和管理。同时介绍保健饮片的调剂、保健品说明书解析，各类保健品、功能性食品的陈列等内容，要求学会保健品功能介绍；依据不同的要求进行保健品的推介，具备一定的保健品使用的指导能力。

29. 医药商品保管与养护

主要讲授保健品仓库的设置及内部布局要求，影响保健品质量变异的因素，保健品常见质量变异现象，保健品验收入库与摆放，保健品在库检查与养护，保健品配货出库与复核，保健品原料养护，不同剂型的保健食品保管养护方法等，通过学习本课程使学生熟悉保健品仓库日常工作内容和方法，掌握常见保健品原料和成品的保管养护方法。

30. 商务礼仪与谈判

通过本课程学习，使学生熟悉在保健食品经营过程中需要掌握的服务用语，在保健品购销中的言谈、举止、服饰、仪容，零售中的商务礼仪和应注意的事项。在商务谈判中怎样用好语言技巧、价格技巧，如何分析对方心理，怎样获得更大收益。

31. 保健品市场调查与分析（集中实训课程）

本课程主要对划分区域内的消费者进行一次保健品消费的模拟市场调

查并分析和预测市场，课程内容包括：市场调查方案的设计、市场调查问卷的设计、市场调查方式和方法的选择、市场调查资料的整理和分析、市场调查报告的撰写、市场预测及其预测报告等。

32. 医药商品分类训练（集中实训课程）

本课程主要对医药商品经营企业在经营过程中遇到的各类医药商品进行系统分类的技术方法进行训练，通过训练强化学生对各类医药商品的熟悉认识和快速分类，便于在储运和销售过程及时快速地寻找、摆放或陈列各种医药商品。内容包括：化学及生物药品的分类、中成药的分类、保健食品、药妆品、医疗器械、卫生消毒产品分类等训练。

33. 医药商品购销存管理系统使用训练（集中实训课程）

本课程训练是让学生掌握保健品经营企业常用的医药商品购销存管理软件的操作，通过训练使学生能够熟练地使用该软件进行保健品的首营审核、查询采购信息、入库审核、形成出库复核记录，掌握库存信息和销售信息，及时捕捉企业经营过程中出现的缺货或压货信息，提高企业的经济效益。

34. 保健品门店工作实务（集中实训课程）

本课程主要训练门店选址、申办材料准备（经营药品、保健食品、医疗器械、卫生材料）、申办审批过程，医药商品柜台陈列、商品价格标签、门店医药商品特征，医药商品分类，保健品的质量追溯与质量标准、各类医药商品包装、标签基本要求；医药商品常见剂型及指导使用；医药商品通用名称与商品名、商标名、曾用名对应；药店常见病联合用药常识；顾客接待与服务、商品介绍与销售、计价与结算等门店营业过程。

任务二　明确保健品开发与管理专业岗位能力要求

一、保健食品生产企业基本工作岗位与相关课程

在保健品企业，保健品开发与管理专业毕业生所从事的工作岗位有：

原料验收岗、物料保管养护岗、质量检验岗、质量控制岗、配料工艺岗、物料转运岗、提取加工岗、制剂岗和销售岗等，分述如下。

（一）原料验收岗位

在保健品生产企业中，原料验收员的工作任务是负责保健食品原料、辅料的鉴别和验收，负责半成品和成品的接收，负责保健食品原料入库和摆放以及半成品和成品的入库储存。要完成此工作需具备的职业能力是掌握保健食品原料特征和鉴别方法，熟悉原料和辅料的验收程序，熟悉购进验收记录的填写，熟悉本企业半成品和成品组成及理化特征；掌握半成品入库操作规程，熟悉保健食品 GSP 认证，掌握影响保健食品原料变质的因素，能识别原料和辅料的质量变异现象，杜绝虫蛀和霉变原料进入仓库；熟悉半成品和成品的物理和化学性质，能够正确摆放各类半成品和成品，防治相互污染和变质。为具备这些能力需要学习的主要课程有保健药材识别技术、保健食品检验技术、保健食品原理、保健食品质量管理技术和医药商品保管与养护等。

（二）物料保管养护岗位

保健品生产企业物料保管养护员的工作任务是负责保健食品原料的在库检查和养护，每日检查登记养护原料库和成品库货垛和货架的温湿度，维护养护设备正常使用和运转，及时检查原料、成品和半成品防止发生虫蛀、霉烂等变质现象。要完成此工作需具备的职业能力是掌握原料特征，及时发现即将变质的原料，及时采取养护措施，防止发生质量变质现象，了解保健食品的配方组成、剂型特点，会采取相应的养护措施；能够正确使用和维护各种养护设备和仪器。为具备这些能力，在校期间需要学习的主要课程有医药商品保管与养护、保健药材识别技术、保健食品制剂技术、保健食品检验技术、保健食品原理和保健食品质量管理技术等。

（三）质量检验岗位

保健品生产企业质量检验员的工作任务是对半成品和成品进行检验检测，记录检验数据和出具检验报告书，根据检验结果分析生产中产生的质量问题，指导调查并提出解决问题的方法。要完成此工作需具备的职业能力是掌握实验室各种常规化学检验方法，熟悉各种仪器分析方法，熟练记录检验过程和检验数据，能够正确书写检验报告；熟悉保健食品生产过程，能找出影响产品质量的关键生产环节。为具备这些能力，在校期间需要学习化验员基本操作技术、保健食品制剂技术、保健食品检验技术、保健食品质量管理技术等课程。

（四）质量控制岗位

保健品生产企业质量控制员的工作任务是按照 GMP 要求，在保健食品生产过程中及时取样并进行样品管理，根据样品检测结果对产品进行在线控制，并做出准确的产品质量评价；对质量文件进行收集、整理、汇总及存档；做好售后产品的质量反馈，处理好顾客的质量投诉。要完成此工作需具备的职业能力包括熟悉保健食品生产过程中的在线取样原则和方法，能正确储存和保管样品；掌握影响保健食品质量的因素，熟悉保健食品的配方、工艺设计和生产过程中的质量要求；熟悉保健食品原料的选择、加工及影响因素；熟悉保健食品质量标准，掌握各项检验报告指标特征并说明；掌握有关保健食品的法律法规，熟悉保健食品的使用方法和使用指导；熟悉保健食品的保管养护和售后服务要求；正确处理客户有关质量问题的投诉；掌握质量文件分类和汇总，熟悉质量文件管理，熟悉保健食品良好生产规范及实施过程。为具备这些能力，在校期间需要专门学习的主要课程有：保健食品制剂技术、保健食品原理、保健食品检验技术和保健食品质量管理技术等。

（五）配料工艺岗位

保健品生产企业配料员的工作任务是保健食品原料与辅料鉴别，保健食品原料与辅料配比操作，配料室环境卫生清洁，配料室计量工具校对检验。为完成这些工作需要具备的职业能力包括掌握各种保健动植物产品特征、制剂辅料特征，熟悉鉴别方法；熟悉保健食品原料性质，熟悉保健食品良好生产操作规范，正确执行保健食品配料操作规程（SOP），掌握原料称量、计量等配比方法；熟悉各种配料计量工具的年检程序和日常校验，保证计量工具准确。为具备这些能力，在校期间需要专门学习的主要课程有：保健食品制剂技术、保健食品原理和保健食品质量管理技术等。

（六）物料转运岗位

保健品生产企业中，产品和物料转运员的工作任务是及时包装和装卸各种原料、辅料、半成品和成品，保质、准确、迅速送货到位。为完成此工作需要具备的职业能力包括掌握各种原料、辅料、半成品和成品的物理化学性质；了解各种原料、辅料、半成品和成品的储运要求，正确进行包装、输送、装卸和存储摆放操作。为具备这些能力，在校期间需要学习保健药材识别技术、医药商品保管与养护和保健食品质量管理技术等课程。

（七）提取加工岗位

保健品生产企业原料加工提取工艺员的工作任务是对保健中药材进行炮制工艺指导，提取前设备参数设定与校正，对中药提取、浓缩、干燥工艺进行指导，同时对原料加工设备进行维护，对原料加工车间清洁和卫生进行指导。为完成这些工作需要具备的职业能力包括熟练使用保健食品原料提取设备，熟悉提取设备的检验、校正与维护；熟悉保健食品中药原料的炮制方法和要求，熟练指导操作药材干洗机、炒药机等炮制设备；掌握常用饮片炮制标准规范；熟悉各种提取液化学性质和器皿的使用及配制方法，根据提取物性质，选择提取液，会使用先进提取设备；熟练使用各种浓缩设备和方法，能根据提取物特点确定浓缩工艺参数；熟练使用各种浓缩设备和方法，能根据提取物特点确定浓缩工艺参数；熟悉各种干燥工艺，熟练使用各种干燥设备，能根据保健食品性质及要求调整和选择干燥工艺。为具备这些能力，在校期间需要学习中药提取技术、保健药材识别技术、保健食品制剂技术和保健食品质量管理技术等课程。

（八）制剂岗位

保健品生产企业制剂技术员的工作任务包括对颗粒剂生产中粉碎、过筛和制粒工艺进行指导，对压片工艺、胶囊灌装和压制工艺、液体制剂生产工艺进行指导。要完成这些工作需要具备的职业能力包括熟悉制剂原料的湿法制粒和干法制粒工艺，掌握制粒设备的使用和维护；熟悉干燥、整理、总混及压片工艺过程，掌握各工艺设备操作、参数设定和故障排除；

熟悉胶囊剂（硬胶囊和软胶囊）生产工艺，熟练使用各种胶囊生产设备、参数设定及故障排除；熟悉各种保健食品中饮品、口服液、糖浆剂等制备工艺，掌握原料配制方法和浓度的控制与调整，掌握灌装工艺设备操作、参数设定和故障排除。要具备这些能力，在校期间需要学习保健食品制剂技术、保健食品检验技术和保健食品质量管理技术等课程。

（九）销售岗位

保健品生产企业销售代表的工作任务包括负责所管地区的保健品推广和销售；保健品销售渠道开发和拓展；对区域经销商的管理、支持，促动终端销售；维护保健品在商超和连锁药房的销售；同时还负责保健食品及相关行业信息的收集及反馈回企业。要完成这些工作需要具备的职业能力有：熟悉中医药养生与保健理论，熟悉常用中药保健方剂，掌握保健食品原理，熟悉保健食品生产工艺，了解保健食品发展方向；熟悉药妆品的应用以及家庭保健器械原理与使用；熟练掌握保健食品行业信息渠道和信息来源；熟悉顾客保健食品消费心理，熟悉商务礼仪与谈判技术，掌握保健食品的销售技巧；掌握保健食品市场营销技术。要具备这些能力，在校期间需要学习的课程有：中医药养生与保健、人体经络与腧穴、保健食品原理、药妆品应用技术、家庭保健器械使用常识、商务礼仪与谈判、保健品销售与服务技术和保健品营销与策划等。

二、保健品批发企业和零售连锁配送中心基本工作岗位与相关课程

在保健品批发经营和零售连锁配送中心，保健品开发与管理专业毕业生所从事的工作岗位有：采购岗、质量审核岗、接货与验收岗、养护岗、配货和送货岗、营销岗等。

（一）保健品采购岗位

医药商品批发和连锁企业保健品采购员的工作任务主要是拟定采购计划，组织招标采购，签订采购合同，落实保健品采购计划和采购付款等。要完成这些工作需要具备的职业能力有：根据保健品销售信息确定采购品

种能力，确定保健品生命周期能力，保健品货源组织能力，保健品货源探寻能力，销售报表分析能力，畅销、滞销保健品市场分析能力，市场销售保健品预测能力，地方招投标政策的学习能力，拟定采购计划的能力，采购计划的分析和调整的能力，沟通协调能力，组织编制招标文件的能力，区分不同法律形态企业不同法律责任的能力，审查企业相关资质的能力，组织开标、评标、定标的能力，具有一定谈判技巧的能力；及时了解相关保健品的销售情况、库存情况的能力，具备相关保健品储存与养护的相关知识，根据保健品销售、库存及养护的相关情况，及时生成采购订单能力，与供应商及时沟通的能力；在货款结算中使用支票、银行本票、银行汇票、银行承兑汇票、商业承兑汇票的能力，汇兑的能力和及时传递相关凭证的能力。要达到以上能力需要学习的课程有：保健品采购技术、保健品营销与策划、商务礼仪与谈判、商业会计原理和医药商品保管与养护等。

（二）质量审核岗位

医药商品批发和连锁企业质量审核员的工作任务主要是进行首营企业和首营品种审核，销售代表资格审核，保健品包装标示审核，保健品质量信息反馈处理，质量文件管理等工作。要完成这些工作需要具备的职业能力包括：具有能够界定首营企业与非首营企业、界定首营品种与非首营品种的能力；首营企业和首营品种建档能力；能够正确区分保健品和非保健品；正确区分保健品生产企业和保健品经营企业，准确判断企业经营资格；准确索取保健食品首营生产企业和首营经营企业的资质文件，为采购人员提供依据。要达到以上能力需要学习保健食品质量管理技术、保健品采购技术和保健食品原理等课程。

（三）接货与验收岗位

医药商品批发和连锁企业接货员和验收员的工作任务主要是对购进的保健品进行接货、检验和验收。完成本项工作需要具备以下职业能力：掌握保健食品到站接货操作过程，能够认真履行保健食品到站检查、清点、审核等操作；熟悉保健品装卸运输过程；了解保健食品保管养护相关知识；在库接货能正确引导保健品卸货并有序摆放；掌握各类保健食品质量标准；熟悉保健食品的常规检验，能够正确审核检验报告，熟悉保健食品的相关监督检验部门；掌握各种保健食品的包装盒标示特征；熟悉各种剂型外观特征，正确区分保健食品和非保健食品，能够正确做好购进验收记录。要达到以上能力需要学习保健食品检验技术、保健食品原理、医药商品保管与养护和保健食品质量管理技术等课程。

（四）养护岗位

医药商品批发和连锁企业养护员的工作任务主要是保健品入库摆放与在库检查、保健品在库盘点与养护、保健品出库质量复核、不合格保健品的报告与处理等工作。完成本项工作需要具备的职业能力有：掌握保健食品的分类摆放原则，做到正确摆放；熟悉各种保健食品的质量标准和外观特征，能够及时发现保健品的质量变异现象，杜绝保健食品在库变质；熟练使用保健品库存管理软件，及时发现并报告不合格保健品，并做到正确处理。达到以上能力需要学习医药商品保管与养护、保健食品原理、保健食品检验技术和保健食品质量管理技术等课程。

（五）配货和送货岗位

医药商品批发和连锁企业配货员和送货员的工作任务主要是按照配货单按时完成各种保健品配货；正确进行组配装箱，记录出库终端；负责包装和装卸保健品，并保质、准确、迅速送货到位。完成以上工作需要具备以下职业能力：正确掌握各种保健品的形状特征，防止变质产品进入流通领域。根据保健品特征科学合理地进行组配装箱。迅速准确地对保健产品分类，快速操作库存管理系统软件。掌握各种保健品的物理化学性质。能够按照保健品储运要求正确包装和装卸。能够对特殊储运要求的保健品采取正确的处理措施。达到以上能力需要学习医药商品保管与养护、保健食品原理和保健食品质量管理技术等课程。

（六）营销岗位

医药商品批发和连锁企业营销员的工作任务是开发新客户，建立和管理客户档案。接待客户并做好客户服务，统计和分析销售报表，指导零售，货款结算等。完成本项工作需要具备以下职业能力：保健品市场调查与开发能力、商务接待能力，销售价格、扣率的准确制定能力，自我形象塑造能力，销售客户沟通的能力，销售商品的情况分析能力，销售账目管理的能力，销售软件应用能力。根据历年销售情况预计保健品销售数量的能力，与保健品采购和销售人员进行有效沟通的能力，保健品功效的专业表述能力，保健品功效差别的区分能力，竞争产品的检索及分析能力，正确签订销售合同的能力，市场竞争信息的归纳、总结及的能力；销售过程中解答客户疑问的能力，退货处理的能力，产品质量事故的初步识别及处理能力，销售单据的电子录入的能力，销售情况的汇总的能力，销售发票的录入的能力，当期销售数量的分析能力；销售合同、在销商品、销售记录、供货商、客户等信息整理建档的能力，客户分类的能力，客户资料合法性审查的能力，销售数据整理核算的能力，统计报表整理分析的能力，应收账款整理分析的能力。达到以上能力需要学习保健品营销与策划、保健品销售与服务技术、商务礼仪与谈判、中医药养生与保健、人体经络与腧穴、保健食品原理、保健品广告创意与欣赏、家庭保健服务指导和商业会计原理等课程。

三、保健品零售企业基本工作岗位与相关课程

在保健品零售企业，本专业毕业生所从事的工作岗位有：营业员、客服专员和店长等岗位。

（一）营业员

连锁药店、社会独立药房或保健品专卖店营业员的工作主要是接待顾客、咨询、销售商品、合理摆放整理商品、收银开票、补货采购、接货验收、陈列养护和日常卫生清洁等。完成本项工作需要具备以下职业能力：运用所学保健品知识合理、准确介绍保健品的能力；询问顾客健康状况及推荐保健品的能力，关联介绍其他保健食品和销售保健食品的能力；熟悉

常见疾病保健康复方法，指导合理使用保健品的能力；用感观来识别保健品真伪和补货的能力；正确验收保健品的能力；接待顾客投诉并为顾客解决问题的能力；根据不同保健品的本质属性采取不同的贮藏保管方法，对保健品进行养护和保管的能力；新到商品快速上架的能力；按照陈列原则合理陈列保健品的能力，既按 GSP 要求陈列保健品又可使保健品摆放美观的能力；正常商品根据销量进行正常补货的能力，特殊商品根据商圈及顾客消费水平主动补货的能力；根据情况将不合格保健品退回供货商的能力；根据基础财务知识审核单据的能力，检查并调试收款机的能力，查验核对收取的现金和支票的能力，识别真假币的能力；按照 GSP 要求进行首营审核的能力；不合格品报告和处理能力等。达到以上能力需要学习的课程有：保健品销售与服务技术、保健品门店工作实务、商业会计原理、保健品质量管理技术、商务谈判与礼仪、家庭保健器械使用常识、保健食品原理、中医药养生与保健和医药商品购销存管理系统使用等。

（二）专卖店客服专员

保健品专卖店客服专员的工作职责是能进行正确、高效的软件销售系统操作，以确保系统录入准确性；跟进专卖店的环境维护以及设施的维修保养，安全、防火防盗工作，以确保财物及资金的安全；良好的产品导购技能，准确流畅的企业文化墙讲解，非销售员工的销售技巧，以协助产品销售及客户满意；对销售员工现场违规行为的初级管理（如站店、低价等），秩序维护初级管理及现场危机初级处理，以协助维持现场销售秩序；完成主管交办的部门相关工作。在本岗位工作需要具备以下职业能力：熟练进行办公自动化操作，对数字具有一定敏感度，打字速度快；接受顾客查询并详细周到解答的能力，记录顾客投诉内容，按流程进行相应信息反馈的能力，接受顾客退换货及投诉等反馈信息的能力，与店长或公司客服部及时联系、反馈信息的能力；准确介绍保健品的能力；熟悉常见疾病保健康复方法，指导合理使用保健品的能力；按照陈列原则合理陈列保健品的能力。达到以上能力需要学习的课程有：中医药养生与保健、保健药材识别技术、保健品销售与服务技术、人体经络与腧穴、家庭保健器械使用常识、保健食品原理、医药商品购销存管理系统使用、保健品质量管理技术和商务谈判与礼仪等课程。

（三）店长

药品零售店和保健品专卖店店长的工作任务是日常事务管理、零售业务管理及分析总结等。完成本岗位工作需要具备以下职业能力：协调统筹并合理使用店内人、财、物等资源的能力，及时解决处理营业员反映的问题的能力，监督检查店员工作的能力，冷静处理突发事件的能力；商圈的分析选择能力，店面的选址能力，店面布局与店面装饰的分析及合理改造能力，对本店面盈利能力进行评估；按相关法规及 GSP 规范门店工作的能力，制定并贯彻执行各项管理制度，对上级主管部门下达的各项指示制定相应的措施，严格执行并传达落实的能力，按门店发展趋势，起草本门店长短期发展规划的能力，根据本店实际适时制定促销计划和相关销售策略的能力，与其他门店及总部的沟通协调能力，根据所在商圈的实际情况分析本店所经营品种的能力，对店员进行零售技巧培训与指导的能力，对店面经营状况的分析预测能力，根据经营状况优化本店细化管理的能力；能够进行保健食品销售量分析、顾客反馈信息分析、保健品质量分析、顾客消费心理分析等。达到以上能力需要学习保健品门店工作实务、商务谈判与礼仪、医药商品购销存管理系统使用、保健食品原理、保健品销售与服务技术、保健食品营销与策划、医药商品保管与养护、中医药养生与保健和商业会计原理等课程。

（四）专业职业岗位发展能力要求

随着保健品生产企业的发展及毕业生能力的提高，毕业生原工作岗位的职位也将有所提高，本次针对本专业毕业生较集中的两个职位，对其工作任务和职业能力进行了分析，见表2-2。

表 2 – 2　职业岗位发展能力分析

职位	任 务	职业能力要求
质量保证员	验证实施及协调指导	掌握保健食品良好生产规范及实施细则，熟悉保健食品质量验证过程，能够指导生产部门进行规范化操作。
	验证文件制定，验证方案及报告的审核	熟悉验证文件的制定过程和内容，熟悉验证方案及实施过程，掌握验证报告内容及要求
	保健品原料供应商质量审核	熟悉保健食品原料生产及加工过程，掌握原料掺杂使假的鉴别，掌握原料生产商的质量保证体系
	保健食品质量问题调查等各项质量管理工作的实施	熟悉影响保健食品质量的因素，熟悉保健食品的配方、工艺设计和生产过程，熟悉保健食品包装、标示要求和储存养护方法
营销经理	保健食品营销策划，制定营销工作方针、政策	掌握保健食品市场调查和分析方法，根据保健食品功能特点正确选择营销策略。熟悉营销策划。熟悉保健品广告策划
	制定产品在全国的销售策略，并有效地传达及执行	掌握市场营销各项策略，熟悉全国的保健食品市场，熟悉顾客保健品消费心理，掌握保健食品的生命周期和销售技巧
	制定全国及各省的销售目标及控制，建立内部管理系统和操作程序	熟悉保健食品市场调查和分析，掌握保健食品销售业务和销售规律，熟悉保健食品企业管理
	销售队伍组织建设和人员管理	掌握保健品销售人才的识别和培养，熟悉保健品销售策略，熟练掌握销售团队的管理

四、保健品开发与管理专业对应的国家职业标准

按照标准化对象，通常把标准分为技术标准、管理标准和工作标准三大类。工作标准是指对工作的责任、权利、范围、质量、程序、效果及检查方法和考核办法所制定的标准，一般包括部门工作标准和岗位（个人）工作标准。

国家职业标准属于工作标准。国家职业标准是在职业分类的基础上，根据职业（工种）的活动内容，对从业人员工作能力水平的规范性要求。按照专业分类目录，保健品开发与管理专业对应的国家职业标准是医药商品购销员。

（一）医药商品购销员国家职业标准

医药商品购销员国家职业标准是劳动和社会保障部门组织制定的在医

药商品购销一线岗位的职业标准。

表 2 – 3　国家医药商品购销员职业标准的要求（2002 年版）

初级(GB1)		中级(GB2)		高级(GB3)	
职业功能	工作内容	职业功能	工作内容	职业功能	工作内容
顾客服务	接待顾客	顾客服务	接待顾客查询		
	提供服务		处理顾客投诉		
药品介绍	介绍药品知识	药品介绍	介绍药品知识	药品介绍	推荐、介绍药品
药品销售	销售准备	药品购销	购进药品	药品营销	市场调研与新品种开发
	销售实施		销售药品		销售促进
	销售记录				商务谈判
药品陈列与保管	药品分类陈列	药品保管养护	药品的日常养护	药品保管养护	药品的特殊保管
	药品保管		不合格药品、退货药品的处理		药品的重点养护
		经济核算	商业计算	经济核算	库存分析
			商品盘点		保本保利分析
			应收、应付结算		

（二）医药商品购销员简介

医药商品购销员是人力资源和社会保障部明确规定必须持证上岗的 90 种工种之一。为了贯彻落实《药品管理法》的实施，为加强医药市场管理，提高药品营销人员的专业水平和服务质量，杜绝购销假冒伪劣药品，保证药品质量和群众用药安全，根据医药行业就业准入制度及 GSP 认证复查要求，从事医药商品营销人员必须经岗位培训考核合格才能上岗。

各地区食品药品监督管理部门要求药品生产、经营企业和医疗机构，在购进医药商品时，应对供货单位的商务人员、销售人员等进行网上核查，不得与未经备案或有违法行为的商务人员、销售人员建立业务关系，对违反规定的单位，一律按照从非法渠道采购药品处理。如各药品生产、经营企业和医疗机构发现违法销售人员，应及时向当地食品药品监督管理部门举报。

1. 医药商品购销员职业定义

医药商品购销员是国家人力资源和社会保障部公布的必须执行劳动准入制的工种（欲从事本工作必须取得上岗资格），为药品经营企业从事采购、销售及咨询的人员。

2. 要求具备资格人员范围

从事医务工作，各大药房、医院、社区等行业的工作人员；医药批发、连锁、药厂购销业务等有关从业人员；正在从事药品经营或拟从事药品经营，但未取得"国家职业资格证书"（上岗证）的人员。

3. 学习内容

医药商品购销员基本要求、顾客服务、医学基础知识、药物基础知识、药品介绍、药品销售。

4. 从业方向

医院、社区医疗服务站、药房、医药公司、制药企业以及医药行业经销系统。

5. 颁发证书

人力资源和社会保障部颁发的高级医药商品购销员国家职业资格证书。

任务三　通过实训掌握技能

一、实训基地介绍

本专业的实训基地包括校内实训室、校内实训车间和校外实训基地三部分。

（一）校内实训室

可供保健品开发与管理专业使用的校内实训室有模拟药店、模拟谈判室、食品检验实训室、中药调剂实训室、企业管理模拟运营室、模拟购销存机房、人体营养与保健实训室、医药商品实训室、电子商务实训室、医药商品仓库实训室、会计实训室、药品检验实训室、中药提取与制剂实训室、基础药物化学实训室等，完全满足本专业学生实训需求。

表2-4　保健品开发与管理专业实验、实训仪器设备一览表

实训室	仪器设备名称	本专业实训课程
基础药物化学实训室	分析天平、滴定管、旋光仪、容量瓶、离心机、恒温自动干燥箱、移液管、铁架台、称量瓶、马弗炉、药用制水机、电子天平、可见分光光度计	化验员基本操作技术实训
中药提取与制剂实训室	崩解仪、电炉、调压器、水循环真空泵、水浴锅、粉碎机、烘箱、烘干器、紫外分析仪、调压器、烘干器、压片机、糖衣机、粉碎机、球磨机、紫外分光光度仪、电动搅拌器	中药提取技术实训、保健食品制剂技术实训
药品检验实训室	列孔水浴锅、烘箱、熔点仪、高效液相色谱仪、电子天平、加热套、冰箱、循环水真空泵、烘箱、单桨式槽形混合机、旋转式压片机、无级调速不锈钢糖衣机、药丸筛分机、颗粒自动包装机、夹层锅	保健食品检验技术实训
制剂实训室	真空泵、动态提取罐、高效包衣机、湿法混合制粒机、沸腾干燥机、旋转式压片机、药物释放度测定仪、灭菌设备、片剂崩解仪、高压灭菌锅、紫外分光光度计	保健食品制剂技术实训
中药认药实训室	体视显微镜、显微镜、植物组织切片、台微尺、目微尺、保健中药饮片、保健植物提取物、保健植物产品包装盒、保健植物产品、保健植物回流提取试验设备、浓缩实验设备、浸提设备	保健药材识别技术实训
会计实训室	模拟原始凭证、模拟记账凭证、模拟总账账簿、模拟明细账账簿、会计基础模拟软件	商业会计原理实训
模拟医药商品仓库	保健品货架、玻璃柜台、保健食品、保健器械、药妆品、冷藏箱、保健中药饮片、超市小车、模拟包装箱（周转箱）、旋转式温湿度计、气调养护袋、条码机、条码枪、销售终端钱箱、总部控制系统、模拟配货单、模拟现钞、标价签	医药商品保管与养护实训 医药商品分类训练
医药商品实训室	货架、柜台、收银设备、药店管理软件	保健品营销与策划实训 医药商品分类训练
电子商务实训室	电子商务网络系统、终端电脑	保健品市场调查与分析实训

实训室	仪器设备名称	安排本专业实训课程
模拟谈判室	会议桌椅、多媒体设备、投影仪	商务谈判与礼仪实训
模拟购销存机房	计算机	医药商品购销存系统实训
企业管理模拟运营室	金蝶管理软件、计算机	保健品企业管理实训
食品检验实训室	高效液相色谱仪、超声波提取器、定容定量仪器、总蛋白质检测仪、氨基酸测定仪等	保健食品检验技术实训
中医实训室	经络挂图、诊脉枕、针灸、处方、养生八卦图	中医药养生与保健实训
中药调剂实训室	调剂饮片药斗、戥称、包装纸、计算器、处方签、铅笔、铜冲	中药保健方剂实训
人体营养与保健实训室	显微镜、低温冰柜、高压灭菌设备、听诊器、血压计、人体器官模型、人体骨骼模型、人体营养检测仪器、食品成分表、血糖仪、肺活量测定仪、电泳仪、纸层析仪器、柱层析仪器、蛋白分析仪、人体组织切片、血常规生化检测仪、免疫诊断试剂盒	人体营养与保健实训
医药商品物流储运实训中心	全自动分拣线、打包机、叉车、升降台、计算机中控系统、商品盘、运货小车、条码打印机等	医药商品分类训练实训
中医实训室	人体经络模型、针灸盒、人体经络挂图	人体经络与腧穴实训

（二）校内实训车间介绍

1. 保健食品生产车间

天津生物工程职业技术学院与天津隆顺榕制药发展有限公司合建的保健食品生产车间已经进入设备安装阶段，按照校企合作协议，车间建成后，可安排本专业学生30~50人进行顶岗实习，可进行保健品生产操作与管理、质量管理、保健食品企业质量管理技术及保健食品营销管理实训。

2. 药物制剂实训车间

已经使用多年，可安排本专业学生20~30人进行保健食品制剂技术的实训项目。

3. 医药商品物流储运车间

已经建成并运行3年，可安排本专业学生20~30人进行医药商品保管实训项目。

（三）校外实训基地

本专业已与天津医药集团敬一堂药品连锁有限公司、天津隆顺榕发展制药有限公司、天津瑞澄大药房连锁有限公司、天津世纪天龙药业有限公司、天津悦康药业集团股份有限公司、天津中新药业股份有限公司健民大药房等医药企业签订校企合作共建协议，作为本专业的校外实训基地。学生在学期间，学院定期安排学生去企业进行实习实训，企业中建有一体化教室，可以满足学生学做一体的需要，这样学生在校期间的知识积累和技能训练就可达到一定的水平，为就业打下了良好的基础，学生就业竞争力增强。

二、企业顶岗实习

根据教学计划安排，本专业学生在毕业前要进行不少于 20 周的保健品生产经营企业顶岗实习，实习过程结合毕业前就业招聘，以招聘岗位作为实习岗位，实习过程要求如下。

（一）总体要求

在顶岗实习过程中，学生应态度端正、发扬团结协作的精神、虚心好学、听从指挥，能充分利用所学知识解决生产实际问题，并在工作中不断更新知识、提高专业技能。应能够运用所掌握的基础知识、基本理论和基本技能，对实际工作中遇到的某个理论或实际应用进行调查研究和分析，写出与岗位相关的实习体会。

（二）顶岗实习组织机构

1. 院领导小组

主管教学院长，主管实习、实训教务副主任，就业办负责人。

2. 系领导小组

系主任、系书记、专业带头人、骨干教师、辅导员。

3. 指导教师

（1）企业岗位具有 5 年以上实际工作经验的人员，最好具有中级及以上技术职称。

（2）系专业教师。

（三）顶岗实习时间

从第 5 学期第 11 周到第 6 学期第 12 周为止。

（四）顶岗实习地点

1. 已经获得招聘单位实习岗位的学生，在实习单位的工作岗位实训。

2. 未获得招聘单位实习岗位的学生，学校与校外实训基地的企业联系顶岗实习。通常安排如下。

（1）天津隆顺榕发展有限公司：生产岗 1~5 人，检验岗 1~3 人，营销管理岗 2~13 人，销售岗 5~15 人。

（2）天津瑞澄大药房连锁有限公司：营销管理岗 14~19 人，销售营销岗 35~55 人。

（3）天津世纪天龙药业有限公司：研发助理岗 1~3 人，生产岗 4~10 人，生产管理岗 1~6 人，营销管理岗 3~13 人，销售服务岗 25~70 人。

（4）天津医药集团敬一堂药品连锁有限公司：营销管理岗 10~23 人，销售岗 15~37 人。

（5）天津隆顺榕制药股份有限公司：生产管理岗 1~3 人，生产岗 15~20 人，储运岗 5~10 人，营销管理岗 10~20 人，促销岗 20~40 人。

（6）天津悦康药业集团股份有限公司：营销管理岗 10~30 人，销售岗 35~75 人。

（五）实施步骤

1. 第 5 学期开学初，根据学院教务处关于顶岗实习有关规定，专业带头人修订本专业毕业年级顶岗实习计划及具体要求，由专业带头人组织召开顶岗实习动员大会。

2. 第 5、第 6 学期组织学生参加顶岗实习。

3. 学生在实习过程中记录实习情况，于 5 月中旬交顶岗实习报告。

4. 系汇总顶岗实习成绩，上报教务处。

（六）具体要求

1. 专业带头人或骨干教师讲解学院顶岗实习制度及本专业具体要求。

2. 系书记或辅导员讲解顶岗实习期间安全、纪律及心理健康问题。

3. 各班班长将每位学生填写的详细信息汇总后交到系办公室。

4. 每班指定两名组长，建立联络网。

5. 在实习岗位指导教师的指导下，学生按照学校要求认真填写《顶岗实习手册》，记录实际工作情况。

6. 系领导小组成员及学院指导教师在学生顶岗实习期间每周保证一次到实习人数较密集的企业检查学生的实习情况。

7. 学生负责人每周打电话或发邮件向系里汇报一周实习情况。

8. 学生在实习期间密切关注学院网站发布的各项通知。

9. 第 6 学期期末，学生按照规定时间上交顶岗实习报告，成绩不合格者不准毕业。

10. 系书记、辅导员密切关注学生在实习期间的思想动态，关注学生的心理健康。

三、实训与实习内容要求

本专业的实践教学突出产学结合的特色，注重培养学生的实践技能，与国家职业技能鉴定接轨，把教学活动与商业活动过程、社会服务紧密结合，把职业能力培养与职业道德培养紧密结合，保证实践教学时间，培养学生的实践能力、专业技能、敬业精神和严谨求实作风。实践教学体系主要由基本技能训练、职业技能训练、职业综合实践等组成。

（一）基本技能训练

结合相关素质课程教学进行课内实验或训练，通过医药商品购销存系统、保健药材识别技术、中药提取技术、人体营养与保健和化验员基本操作技术等课程的技能训练，使学生具有较强的动手能力，为学生后续各项专业技能的训练奠定基础。本专业注重改革实验实训教学的形式和内容，减少演示性、验证性实验，鼓励学生参加实训、实验活动。

（二）职业技能训练

结合相关职业技术课相对应的技能训练课程，培养学生的职业素质和职业技能，主要有：计算机等级考试上机实训、保健品销售与服务技术实训、家庭保健器械使用常识实训、商务谈判与礼仪实训、企业管理综合实训、保健品门店工作实务综合实训、医药商品分类技术实训、保健品采购实训等课程。

（三）职业综合技能实训

目的在于培养学生对各单项技能的综合运用的能力，提升学生的职业综合能力。要以企业真实商业活动过程、案例等为载体，进行生产性、模拟性、仿真性的实训，进一步提高学生的技能水平，努力营造企业环境，培养学生的职业感觉，强化训练效果。

（四）职业综合社会实践

认知实习与顶岗实习是学生在真实的工作环境中进行技能训练和素质养成的重要环节，顶岗实习期间，学生要虚心向企业指导教师、岗位师傅和同事学习，逐步熟悉并掌握本单位和本岗位的标准操作规程、产品合格标准、工作场合规章制度要求，不断提高技术操作水平和操作速度，最终达到独立顶岗、独立工作。

四、实训实习过程安全要求

（一）实训室消防安全检查制度

为加强实训室的管理，做好实训室消防安全工作，特制定本制度。

1. 在学院消防安全主管部门的指导下，实训室消防安全管理工作由实训中心主管部门负责，实训技术人员具体实施。

2. 加强消防宣传教育工作，提高全院师生的消防意识。各实训室要对存在的消防安全问题及时提出整改意见，做到预防为主，消除隐患。

3. 实训室要配备必要的消防设施，消防主管部门要定期检查实训室的各种消防设施，定期更换灭火器内容物，确保其处于完好可用状态。

4. 各实训室的消防设备和灭火工具，要有专人管理；实训室管理及教学人员要掌握消防设施的使用。

5. 不准破坏、挪用消防器材，违者追究其责任。

6. 实训室要做好防火、防爆、防盗工作；下班时要切断电源、气源，清除工作场地的可燃物，关好门窗。

7. 危险化学药品（易燃、易爆、麻醉、剧毒、强氧化剂、强还原剂、强腐蚀剂）要有专人管理，并严格遵守相关管理制度。

8. 各实训室新增用火、用电装置，要先报后勤管理处、保卫科，并经论证符合安全要求得到批准后，方可增用。

9. 各实训室安装、修理电气设备须由电工人员进行；禁止使用不合格的保险装置及电线。

10. 实训室技术人员每周一次对实训室进行全面安全检查，并做好检查记录，发现情况应及时采取措施并上报有关部门。学院消防安全主管部门及实训室行政管理部门不定期对实训室进行安全检查。

11. 对违反消防安全规定和技术防范措施而造成火灾等安全事故的有关责任人，要视情节轻重给予处罚，触犯法律的，由司法机关依法追究其刑事责任。

（二）学生进出实验实训场所行为规范

凡进入实训场所参加实训的学生必须严格遵守以下流程。

1. 学生在进入实训场所之前不准在校园内的其他场所穿着实训服装。

2. 学生应携带实训服装进入实训场所，必须在指定区域更换服装。

3. 学生更换实训服装后，将个人物品叠放整齐，放置在实训场所内的指定区域，整装后开始实践教学。

4. 实践教学结束后，在指定区域内更换实训服装，将实训服装叠整齐，整装后携带个人物品离开实训场所，不得穿着实训服装走出实训场所。

5. 实训结束后，要安排值日生做好实训室清洁卫生工作，实训仪器等物品要整理好，洗刷干净，按要求摆放整齐并请指导教师检查清点认可后方可离开。离开实训室前要切断电源、气源、熄灭余火，关好水龙头，锁好门窗。

（三）学生实训守则

教学实训是高等学校教学中的一个重要组成部分，为保证教学实训的顺利进行，学生应遵守下列规则。

1. 在实训前做好预习、复习工作，明确了解每次实训的目的和要求，了解实训步骤和方法，按时进入实训室，并进行考勤。

2. 遵守实训室各项规章制度，讲究卫生，保证实训室有一个良好的工作秩序和实训环境。

3. 严格遵守实训室的各项操作规程，树立科学的态度，集中精力，大胆、细心、认真地做好实训，努力培养自己独立进行科学实训的能力。

4. 爱护实训仪器和设备。实训中如发生问题或发现异常情况，应及时与指导老师联系，取得帮助。学生违反操作规程，指导老师有权停止其实训。违反操作规程而损坏仪器，要追究责任并赔偿。

5. 实训结束后，按指导教师要求整理或归还仪器设备，做好使用记录，关闭水、电、气路，打扫实训台面及室内卫生，经实训室专职人员检查合格后，方可离开实训室。

（四）实训室安全管理制度

1. 坚持以"安全第一，预防为主"为方针，以"安全保障教学"为原则，进入实训室的人员应牢固树立安全意识。

2. 实训室内严禁吸烟，不准将易燃易爆物品带入实训室；不允许在实训室内就餐和吃零食。

3. 定期组织安全教育，增强实训室全体人员的安全意识和自觉性。

4. 定期进行安全检查，消除安全隐患，采取积极的防范措施，保障安全。

5. 每日检查设备是否完好，是否运行正常。下班时关闭门窗、电源和实训室总闸。

6. 实训室定点配有各类消防器材，定期检查消防器材的使用情况。

7. 自觉保护实训室环境安静，设备整洁。

8. 非实训室人员未经允许不得随意进入实训室，不得动用相关设备。

9. 学生在实训室上课期间，任课教师不得擅自离开实训室，负责对学生及实训室的管理。

10. 学生因其他原因滞留实训室或需使用实训室，须经系审批并安排相应教师到现场对实训室实施监管。

11. 一旦发生安全问题，立即采取有关措施并及时汇报。

12. 对安全管理中出现的问题认真分析，按照规定对学生批评教育和严肃处理。

（五）学生顶岗实习安全管理规定

为了加强学生顶岗实习的安全管理，切实保障学生的人身安全，保障学生的合法权益，使顶岗实习工作顺利开展，按照学院顶岗实习管理办法的要求，特制定本规定。

1. 树立"安全第一"的意识，重视学生顶岗实习安全管理的组织领导，提高学生的安全意识。

2. 根据学生顶岗实习工作岗位制定各项具体安全工作规定，对学生进行系统的安全教育，统筹、布置各时期的安全工作。

3. 组织安全工作检查，及时掌握各种安全隐患，并及时采取整改排除措施，做到预防为主。

4. 加强与企业的沟通，协调各方面的关系，齐抓共管，全方位做好安全管理工作。

5. 落实安全责任制。系主要领导为第一责任人，辅导员与指导教师要加强对学生的安全教育与管理。学校、顶岗实习学生、企业三方签订协议，明确各方的安全责任。

6. 建立学生保险制度，督促学生购买人身伤害保险。

7. 顶岗实习期间学生要接受系和企业的教育和管理，明确自己既是学生又是职工的双重身份，作为具有民事行为能力的个体，必须承担企业职工的责任，对自己的行为负责。

8. 顶岗实习是教学功能在企业的延伸，要继续履行教育和管理的责任，配合企业加强对学生进行交通安全、生产安全、文明生产、自救自护、厂规厂纪、劳动纪律、职业道德等方面的教育和指导。学生必须遵守和服从企业的纪律及管理，遵守一切安全操作规程。

9. 企业为学生提供符合国家规定的安全工作环境，保证其在人身安全不受危害的条件下工作，并明确学生岗位的工作内容和要求。企业要担负学生的安全管理责任，若在实习期间出现安全事故，根据《劳动法》和

《学生安全事故处理办法》与企业协商解决。

10. 出现如下事件、事故，学生个人承担责任或后果：①违反厂规、厂纪、校规、校纪发生的人身安全事故；②实习中不遵守有关要求，违反操作规程出现的安全事故；③违法犯罪受到有关部门处理；④违反厂规、厂纪受到企业的处理、处罚；⑤由于工作不当造成经济损失的赔偿；⑥失踪。

11. 赶赴事故现场。事故发生后，系部和职能部门领导第一时间赶赴事故发生地，抢救学生，做好调查取证和协调工作。成立安全事故处理领导小组，具体负责安全事故的决策和处理工作。及时上报，事故发生后在稳定事态的同时，要及时向上级报告安全事件，并通知学生家长。与企业协商处理善后事宜。积极与企业、家长协商，依据《劳动法》和《学生安全事故处理办法》解决善后事宜，保护学生的合法权益。

12. 当突发事件发生后，各方须无条件迅速配合，把保护学生作为第一任务，不容许推诿、拖拉、扯皮，并要求第一时间到位。

项目三 行业发展

【学习目标】

知识目标：了解医药物流行业的发展现状及未来发展趋势。

技能目标：增强对未来的信心。

任务一 保健品行业发展

一、保健、保健品与保健品行业

（一）什么是保健和保健品？保健与养生有何区别

保健，源于日语"保溝"，意思：保护健康。亦指为保护和增进人体健康、防治疾病所采取的综合性措施。

能够保护和增进人体健康，预防疾病的工农业产品即为保健品。保健品涵盖了四个方面：保健食品、保健中药、保健器械和保健化妆品（也称药妆品或特殊化妆品），这四大类统称保健品。保健食品是保健品当中重要的组成部分。

养生，就是指通过各种方法颐养生命、增强体质、预防疾病，从而达到延年益寿的一种医事活动。所谓生，就是生命、生存、生长之意；所谓养，即保养、调养、补养之意。总之，养生就是保养生命的意思。例如，合理选用养精神、调饮食、练形体、适寒温等保健方法，通过长期的锻炼和修习，达到保养身体、减少疾病、增进健康、延年益寿目的的技术和方法，就是养生。简而言之，所有促进健康、延长寿命的活动都是养生活动。

（二）保健品包含哪些行业

保健品在我国通常包括四大产品行业，即：保健食品行业、保健化妆品（药妆品）行业、家庭医疗保健器械行业和保健中药行业。

保健食品，也称功能食品，是指具有特定保健功能或者以补充维生素、矿物质为目的的食品。保健食品行业通常涵盖两大类产业，一类是以生产医药产品剂型为主的企业，这类保健食品在剂型方面通常模拟药品中的内服剂型，如口服液、软胶囊、胶囊、片剂等，这类企业目前国内有3000余家，比较典型的有：安利（中国）日用品有限公司（纽崔莱系列保健食品）、广东汤臣倍健生物科技股份有限公司（蛋白质粉、大豆磷脂软胶囊等）、天津天狮生物发展有限公司（活力康胶囊、减肥茶等）、哈药集团三精药业有限公司（葡萄糖酸锌口服液）、海南养生堂药业有限公司（天然维生素 E 软胶囊）、深圳太太药业股份有限公司（静心口服液）、上海交大昂立股份有限公司（天然元益生菌片）、中山市完美日用品有限公司（参灵胶囊）、深圳市海王生物工程股份有限公司（灵芝孢子粉胶囊）、江中药业股份有限公司（酪蛋白氨基酸口服液）、北京巨能新技术产业有限公司（成人钙片）、汕头大印象（集团）公司（珍珠美肤茶）、浙江康恩贝保健品有限公司（天保宁胶囊）等。另一类是生产食品、饮料形态的保健食品生产企业，例如广东加多宝饮料食品有限公司生产的加多宝凉茶、广东健力宝集团有限公司生产的金牌健力宝饮料、内蒙古伊利实业集团股份有限公司生产的伊利清脂奶粉、长沙旺旺食品有限公司生产的旺仔RDHA 牛奶、湖北劲牌酒业有限公司生产的中国劲酒、天津市天立独流老醋股份有限公司生产的天立益肝保健醋、山西省清徐老陈醋有限公司生产的保健醋、固加元生物技术（深圳）有限公司生产的西洋参保健茶等。保健食品 2012 年产值约 2800 多亿元。截至 2013 年 5 月天津地区共有保健食品生产企业 147 家，批准生产的保健食品有 307 种，全市从事保健食品经营的企业约 1500 余家。

　　家庭用医疗保健器械是主要适于家庭使用的医疗保健器械。主要包括家庭保健自我检测器材、多功能治疗仪、足浴和足底理疗器材等。近年来，随着改革开放的深入和经济的不断发展，百姓的消费能力和消费观念都有很大改变，生活水平和生活质量的提高使人们的健康意识越来越强。而随着城市人口的增长和生活节奏的加快，处于亚健康状态的人群在不断增加。与此同时，人口老龄化进程加快，老年人常见病、慢性病的日常护理和治疗以社区和家庭为主。我国的医疗模式正朝着以综合医院和专科医院为主流，社区医院为分支，家庭医疗、康复、预防为补充的方向快速发展，越来越多的病人群体需要在出院后使用各种家用医疗用品进行持续性治疗。这一切都给家用医疗器械领域带来了巨大的商机，以保健、调理为主要功能的家用医疗器械和以辅助治疗慢性病痛为主要功能的家庭医疗用品市场发展前景广阔。而一些美容、美体及运动健身机构也对家用医疗器械产品青睐有加。至2012年年底全国生产各类家用医疗保健器械的企业有3000余家，天津地区生产家庭医疗保健器械的企业有55家。

　　药妆品也称特殊用途化妆品，包括祛斑、育发、健美等九大类。目前国内有很多药妆品开始兴起。由于中医学的积累，我国对植物的开发和利用在世界范围内遥遥领先，只要我们非常有效地挖掘和利用这一宝藏，必将开发研制出符合现代生活理念的顶级药妆产品。截至2012年12月31日，国家药品行政管理部门共批准了27315个药妆品，其中国产药妆品为18612个，进口药妆品为8703个。截至2012年年底，全国药妆品生产企业共有974家，2012年产值50多亿元。截至2013年5月天津地区共有药妆品生产企业29家，批准生产的药妆品有148种，全市从事药妆品经营的企业1400余家。

　　保健中药是指在中药中单独或配方使用，能够补益人体气血，提高机体免疫功能的一类中药材或中药饮片，是滋补性中药，分为补气药、补血药、补阴药、补阳药。通常包括西洋参、冬虫夏草、阿胶、枸杞子、人参、鹿茸等药材饮片及其提取加工的产品。可单独或组方服用，也可用于药膳配料使用。近几年，补益类药材始终呈现销势活跃，购销两旺，销量增加，价格上涨的良好态势，有些地区补益类药材购销量占到药市购销总量的40%左右。补益类药材已成为一些药材种植基地、药农、药商和饮片生产企业关注的热点。目前，随着中药养生观念的深入，保健中药材（饮片）产业也不断发展，在有些地区已经成为新的经济增长点。天津地区中药保健饮片生产企业有6家，年产值约3亿元。

二、中国保健食品行业现状与发展前景

保健食品是指声称具有特定保健功能或者以补充维生素、矿物质为目的的食品，即适宜于特定人群食用，具有调节机体功能，不以治疗疾病为目的，并且对人体不产生任何急性、亚急性或者慢性危害的食品。近年来世界各国保健食品发展的增长速度都很快，保健（功能）食品在欧美各国被称为"健康食品"，在日本被称为"功能食品"。作为食品的一个种类，保健食品具有一般食品的共性，既可以是普通食品的形态，也可以使用片剂、胶囊等特殊剂型。但保健食品的标签说明书可以标示保健功能，而普通食品的标签不得标示保健功能。

（一）中国保健食品行业发展历程简析

保健食品从其发展的历史规模及生命曲线大致可分为六个阶段，见表3-1。

表3-1　中国保健食品行业发展阶段

时间节点	详细内容
起步阶段（20世纪80年代初~80年代末）	保健食品主要是以滋补品类为主，而且大部分是以酒为载体的药酒，宣称有辅助治疗作用，没有保健药品和保健食品之分。无论是企业的自身技术、管理水平、市场营销还是消费者对保健食品的认识，都处在一个较低的水平
启动成长阶段（20世纪80年代末~90年代中期）	国内经济快速发展，"花钱买健康"成为时尚，保健品市场上开始出现口服液和胶囊剂型的保健食品和添加中药的化妆品。一大批民营企业如"三株"、"太阳神"、"沈阳飞龙"、"巨人"迅速崛起
竞争发展阶段（20世纪90年代中期~21世纪初）	保健食品行业进入竞争和繁荣阶段，从广告大战到直销高速发展，保健食品行业发展出现反复阶段，在1994年出现低谷，1998年保健食品开始走出低谷，到2000年年产值超过500亿元，企业数量和年产值都达到了历史最高点。2001年深圳太太药业股份有限公司和上海交大昂立股份有限公司在证券交易所上市，保健食品行业进入顶峰时期

续表

时间节点	详细内容
"信任危机"阶段（2001 年~2003 年）	保健食品行业连续发生负面事件，企业盲目夸大宣传，媒体连续的负面报道迅速造成了"恶果"，消费者对保健食品信任度不断降低，从 2001 年开始，这个行业再次陷入"信任危机"，市场总额不断缩水，保健食品消费一路走低，2002 年年产值减少到 175 亿
"盘整复兴"阶段（2003 年~2005 年）	2003 年对保健食品的需求有了极大增长。中国加入世界贸易组织（WTO），来自国际市场要求中国政府开放直销市场的呼声，引起政府和社会的重点关注，行业内重新洗牌，在这一阶段，国外保健食品巨头纷纷以高姿态进入直销，行业进入高速发展期，2003 年行业产值为 300 亿元，2004 年增长到 400 亿元，2005 年超过 500 亿元
快速发展阶段（2005 年至今）	经济的持续快速发展带来了这个行业的繁荣，近些年的年复合增长率在 20% 以上。生活水平的提高、健康意识的增强以及各种亚健康和疾病的侵袭，让人们对我国保健食品行业的长期繁荣发展充满信心

（二）中国保健食品行业现状分析

1. 驱动行业发展的宏观因素

国家宏观经济稳定持续发展，国家的宏观管理手段进一步加强，消费者成熟度和认知度的提高，竞争企业的成熟，预示着保健食品行业逐渐步入一个理性增长发展期，驱动保健品行业发展的各项宏观因素及具体内容见表 3-2。

表 3-2　驱动行业发展的宏观因素

驱动因素	详细内容
政府的重视和支持是行业发展的永动力	2005 年出台《保健食品注册管理办法》、《禁止传销条例》和《直销管理条例》，同时食品药品监督管理部门要求所有的保健食品生产厂在 2006 年 3 月前都要通过 GMP 论证。从历史发展情况看，任何一次政府加大规范管理保健食品行业，最终都将极大地促进行业的发展
天然食补的保健传统是行业发展的原动力	中国悠久的中药保健传统文化在国内消费者心中是根深蒂固的，人们一直能接受食补的概念
国家经济持续增长是行业发展的促进力	中国连续 3 年 GDP 保持增长率接近 10%，百姓生活水平有了很大的提高，消费能力的增强是保健食品行业增长的重要因素
人口众多，逐步进入老年社会是行业发展的持续增长力	中国人口基数大，而且 20 世纪 60 年代生育高峰期出生的人口即将步入退休年龄，我国进入老龄化社会，老年人的保健意识更强烈

2. 行业发展的制约因素

我国保健品行业在发展过程中也遇到一些制约因素，这些因素中既有行业自身技术研发投入不足等内在因素，也有政府部门监管不力等外界因素，制约保健品行业发展的各项宏观因素及具体内容见表3-3。

表3-3　中国保健食品行业发展制约因素

制约因素	详细内容
假冒伪劣产品影响整个行业的品牌度	从2005年起，我国对保健品销售传统渠道调查，共调查了近3000种产品，合格产品只占到65%。从地区分布来看，假冒保健食品超过18个的有9个地区，其中内蒙古、安徽、河南位列前三名；而在直辖市和省会城市中，北京以68种假冒产品位居直辖市榜首，呼和浩特则以90种假冒产品成为省会城市中的重灾区
缺乏健全的保健功能评价体系，制约了产品的升级换代	仅根据产品所含的成分来推测其生理功能，这属于低级产品评价阶段。而中国的保健食品多数属于此阶段
不负责任的商业广告，影响消费者信任	许多广告夸大其词，甚至生编硬造，片面夸大产品的生理作用，使消费者对整个保健食品市场失去信任
市场监管不力，使高素质、高品牌知名度企业失去竞争优势	卫生行政管理部门由于监管科目多、范围广、人力资源有限，只能采取类似公安部门"严打"的做法，市场监管"一阵风"，这让很多规模小质量差的企业采取不正当的竞争手段，破坏了整个行业的健康发展

3. 细分行业状况

目前在中国保健食品市场上的保健食品品种繁多，按照其功能来划分主要可分为以下类型（表3-4）。

表3-4　按照功能划分的保健品细分行业

产品类别	详细内容
健脑益智类	自问世之后一直稳居国内市场前五名的热门保健食品，代表产品是"脑白金"
排毒养颜类（美容类）	代表产品是深圳太太药业股份有限公司的"太太口服液"。业内人士认为，该市场在国内已日趋饱和，利润回报将有所下降
补肾类	从1999年开始就一直是热销市场，其中最有影响力的就是"汇仁"肾宝，另外还有"四世同堂"系列的"海狗鞭特补"胶囊也在市场上占有很大的份额
免疫调节类	这也是国内保健食品市场各产品功能的主卖点，代表产品是上海交大昂立股份有限公司的昂立一号、昂立多邦胶囊等系列产品。按功能分为免疫调节，调节血糖、血脂、血压，改善视力，改善营养性贫血，抗疲劳，促进排毒，延缓衰老等27种功能

续表

产品类别	详细内容
重点关注类别——减肥保健食品市场	中国肥胖患者已超过 7000 万人（不包括儿童肥胖），占总人口的 5.4%，尤以大中城市发病率为高，约占城市人口的 17%。减肥产品已占据中国保健食品市场的半壁江山。减肥品市场产品繁多，主要可归结为保健食品类、茶类、药品类、外用类、仪器类。据不完全统计，中国减肥产品已超过 200 个，有的产品年销售额已超过亿元

（三）中国保健食品市场竞争状况分析

1. 中国保健品市场竞争现状及特点

截至 2010 年年底中国约有 1600 家保健食品生产企业，投资总额在 1 亿元以上的大型企业占 1.45%；投资总额在 5000 万元至 1 亿元的中型企业占 38%；投资总额在 100 万元至 5000 万元的企业占 6.66%；投资总额在 10 万元至 100 万元的小型企业占 41.39%；投资总额不足 10 万元的作坊式企业占 12.5%。据《2010 年中国保健食品行业研究报告》的统计数据显示，国内保健食品市场按销售额排名前五位企业分别为：安利、劲牌、康富来、山东东阿阿胶以及上海黄金搭档。

表 3 – 5　2010 年国内前 5 位保健食品企业销售额

排名	企业名称	保健食品销售额（亿元）
1	安利（中国）日用品有限公司	126
2	劲牌有限公司	36
3	康富来集团	24.6
4	山东东阿阿胶股份有限公司	20.7
5	上海黄金搭档生物科技有限公司	20.5

从表 3 – 5 可以看出，安利是中国保健食品市场当仁不让的老大，安利销售模式成熟且销售人员分布在全国各地，2010 年安利销售额约为 210 亿元，其中保健食品占 60% 份额；排名第二的劲牌有限公司仅仅依靠保健酒一路冲到了第二，且近 3 年均以 20% 以上的速度增长；康富来以洋参含片和补血口服液占领市场，尤其是洋参含片在中国保健食品市场有举足轻重的地位；山东东阿阿胶股份有限公司是国有企业，同时还有地理和资源优

势，公司以阿胶行业的标准拟定者的身份掌控行业游戏规则；上海黄金搭档生物科技有限公司凭借脑白金、黄金搭档和黄金血康引领中国保健食品行业发展的进程，尤其是脑白金连续5年成为中国单品保健食品销售冠军，所以其在中国保健食品行业占有重要的地位。

有学者分析认为，中国保健食品企业技术研发投入严重不足，但是广告宣传却夸大其词，严重损害了消费者利益，让整个保健食品行业产生了信任危机，这正是洋品牌保健品称雄中国保健品市场最主要的原因之一。

中国保健食品消费的主要区域集中在北京、上海、广东、辽宁、山东等经济发达地区。广东作为中国沿海开放地区，又是经济发达地区，消费者对保健品的认识程度和消费能力要高于内地，所以不管是保健食品的生产还是消费，广东地区都处在全国领先的地位，这与当地消费者开放的意识和地区经济的发展有密不可分的关系。北京地区保健食品消费规模紧随广东之后，这与其经济地位、人们消费观念相匹配，消费者逐步认识到利用食物中功能成分防病治病、维持健康的重要性，因此保健食品逐渐受到青睐。辽宁是中国保健食品原材料生产的重要地区，人们对保健食材有较为理性准确的认识，而且沈阳飞龙品牌曾深入人心，促使辽宁地区保健食品市场规模不断扩大，进入全国三甲行列。山东和上海既是中国保健食品生产的重要地区，也是保健食品消费的主要区域之一。这与两地对保健知识和营养宣教有很大的关系。上海是中国保健食品生产最集中的城市，其对整个华东地区宣传辐射，提升了消费者对保健食品的认识和信赖。保健品市场区域消费规模集中度分析见表3-6。

表 3-6　中国保健品市场区域消费规模集中度分析

市场区域	消费规模集中度（%）
广东	26.5
北京	11.6
辽宁	10.8
山东	8.5
上海	8.4
其他	34.2

2. 中国保健食品企业的 SWOT 分析

所谓 SWOT 分析，即基于内外部竞争环境和竞争条件下的态势分析，就是将与研究对象密切相关的各种主要内部优势、劣势和外部的机会和威胁等，通过调查列举出来，并依照矩阵形式排列，然后用系统分析的思想，把各种因素相互匹配起来加以分析，从中得出一系列相应的结论，而结论通常带有一定的决策性。

运用这种方法，可以对研究对象所处的情景进行全面、系统、准确的研究，从而根据研究结果制定相应的发展战略、计划以及对策等。SWOT分析法常常被用于制定集团发展战略和分析竞争对手情况，在战略分析中，它是最常用的方法之一。中国保健食品企业 SWOT 分析见表 3 - 7。

表 3 - 7　中国保健食品企业 SWOT 分析

优势（S）	劣势（W）
作为本土企业，中国保健食品企业能够更好理解中国消费者的需求，更加熟悉中国这个特殊的市场。企业经营运作方式灵活丰富 对于保健食品，销售渠道建设是重中之重，中国保健食品企业在传统营销渠道建设方面经验丰富、深谙其道 中国保健食品企业在劳动力成本和原材料成本上依然具有优势，并且原材料资源比较丰富	中国保健食品企业规模偏小，知名度不高。相对于产品品质，企业更多的是靠大量的广告宣传占领市场 中国保健食品企业研发技术投入不足，产品科技含量低，缺乏竞争力。产品研发创新力不足 中国保健食品企业在资金实力、创新技术和营销模式上都较为落后，同时服务意识较为淡薄。和国际大公司相比，企业整体实力比较弱小
机会（O）	挑战（T）
近几年中国保健食品市场增长迅速，年增长率都为 2 位数，2010 年增长率超过 20% 中国消费者平均用于保健品方面的花费占其总支出的 0.07%，仅为欧美国家相应支出的1/29。因此，中国保健食品市场的发展潜力巨大 农村市场潜力也是不能忽略，尤其在经济比较发达的农村地区，如长三角地区，消费能力惊人，但保健意识薄弱，有着广阔的潜在市场 中国政府陆续颁布了多部规范保健食品行业的法律法规，不断加强对市场的监管，为保健食品企业营造了健康有序的行业环境	随着消费者认知水平的提高、国外保健食品企业的影响，保健食品将走向科技含量高、制作工艺规范、产品种类丰富的道路，这是中国保健食品企业不得不去迎接的挑战 洋品牌保健品在中国市场上狂奔，2010 年安利在中国市场销售额达到了 200 亿元，另外还有完美、强生等也强势进入中国市场，本土品牌面临的竞争更加激烈 中国政府对保健食品行业监管力度加大，预示着这个行业越来越严格、规范，企业面临着更加规范体系的洗礼 中国的劳动力成本和生产资料成本在不断上涨，中国企业拥有的成本优势在降低

（四）中国保健品行业规模及未来发展前景

1. 中国保健食品行业规模概况

2000 年～2010 年间，保健食品行业年均增速均超过两位数，2009 年消费品行业受到风投追捧，医疗保健更是成为了投资者最关注的领域。与之呼应的情况已经出现，一批保健企业已被国内知名度极高的风投公司率先囊入旗下，并购重组不仅成为 2010 年的行业热点，而且推动整个行业快速发展。

新医改方案把预防和控制疾病放在了首位。这表明政府已经充分认识到了"治未病"的重要性，并将在这方面持续加大公共财政和人力资源的投入，8500 亿元中的 20% 将用于公共健康教育，国民健康素质的提高将表现在健康意识的大幅提升和保健消费预算的增加。

继《食品安全法》之后，政府相关部门积极开展促进行业发展的调研，《保健食品监督管理条例》、《保健食品注册管理办法》、《保健食品原料安全标准》等一系列重要的法规文件将陆续出台，保健食品监管体系构架将进一步完善，稳定明晰的政策保障将激励业内企业追加投资，加速市场开发。

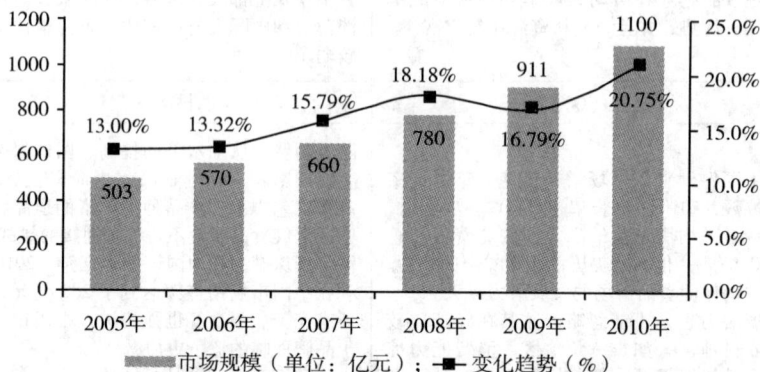

图 3 - 1 2005 年～2010 年中国保健食品行业市场规模及变化趋势

有学者分析认为，我国保健品市场高速增长的原因有两方面，一方面是由于新医改国家倡导把国民健康的重点放在病前的控制而非病后的治疗，而保健品在慢性病调理、养生保健方面都有自身独特的优势，另一方面也是由于近年来受到一连串如 SARS、甲流等传染病爆发的影响，人们为了抵御免疫力的下降开始加大了保健品的使用，同时，随着观念的变化，人们对生命健康、养生保健方面的需求不断加大，这些都促进了我国保健品产业近年来的飞速发展。

此外，我国保健品产业还面临着不断加大的出口机遇：国际医药市场对中国保健品需求在不断增长。国外注重养生保健，特别对一些绿色植物提取、制造的保健品青睐有加，这将拉动我国保健品出口的增长。

2. 中国保健食品行业发展前景展望

（1）老龄人口增加医疗保健费用的支出　我国步入人口老龄化社会，开始经历规模最大、速度最快的人口老龄化发展过程。截至 2009 年底，我国 60 岁以上老年人口已达 1.67 亿，占总人口的 12.5%，且正以每年 3% 以上的速度快速增长，是同期人口增速的 5 倍多。对于我国的老龄人口，医疗保健支出占其支出第二的位置。随着生活水平的不断提高，老龄人口尤其是城镇老龄人口在医疗保健方面的支出增长迅速。

（2）慢性疾病成为预防医学的首要目标　伴随着社会生活水平的大幅度提高，慢性疾病预防已经纳入国家"十二五"目标规划中，成为我国预防医学的首要目标。通过健康的生活方式、借助膳食营养等手段预防糖尿病、高血压、脑卒中等慢性疾病，正越来越被人们重视。

（3）自我照护意识抬头　近些年得益于社会的宣传和引导，人们的自我保健意识也在逐渐抬头。身体和心理的健康是万事的基础，自我保健对人体健康的影响程度远大于医疗、遗传、社会等因素。营养保健以其独有的特性成为人们各种保健方式中的热点。

（4）法规管理趋于严格　继《保健食品安全法》之后，《保健食品监督管理条例》、《保健食品注册管理办法》、《保健食品原料安全标准》等一系列重要的法规文件陆续出台。整个保健食品行业的法规管理正在趋于严格。完善、严格的法规管理会引导整个行业走向更加规范、更加健康和持久的发展之路。

（5）肥胖成为全球流行病之一　"肥胖"是当今社会严重危害百姓健康的世界性疾病，与吸烟、艾滋病并称为人类健康的三大杀手。随着人们生活水平的提高和生活方式、饮食结构的改变，肥胖已成为仅次于吸烟的第二大致死原因。前期的肥胖预防和后期的肥胖治疗，营养膳食都是行之有效的方式之一。

（6）个人化营养学兴起　由于每个人年龄、性别、饮食状况的差异、基因不同、健康状况不同、各人的生理活跃水平不同以致所关心的健康问题不同、所使用的治疗药品不同。即使就个人而言，在人生的不同阶段，在不同的生理状态下，对营养的需求也有所差异。独享的个性化营养健康解决方案日益盛行。

三、天津市保健品行业发展现状

天津地区保健品企业具体情况如下。

（一）保健食品生产、经营领域

2013 年年初，天津市保健食品生产企业有 147 家，批准生产的品种有 312 种，天津市各类保健品经营企业（店）5500 余家，从业人员 3 万余人。详见表 3-8。

表 3-8　天津市主要保健食品生产企业

保健品生产企业	获审批的保健食品数量	保健品生产企业	获审批的保健食品数量
天津天狮生物工程有限公司	35	天津凯镛保健品有限公司	17
金士力佳友（天津）有限公司	16	天津阿尔发保健品有限公司	7
天津万宁保健品有限公司	7	天津和治药业有限公司	7
沃德（天津）营养保健品有限公司	7	天津格斯宝西洋参制药有限公司	6
天津巨能药业有限公司	6	天津市康曼奇保健食品厂	5
天津安捷伦药业有限公司	4	天津市津美保健用品科技开发有限公司	4
天津葆婴生物科技有限公司	4	天津市龙莲堂生物科技开发有限责任公司	4
天津国晟营养保健食品有限公司	4	天津市天立独流老醋股份有限公司	4
天津市百奥生物技术有限公司	4	天津市中央药业有限公司	4

（二）药物化妆品生产、经营领域

目前，天津的药妆品生产企业有 29 家，企业从业人员约 1600 人，药妆品经营企业 2900 余家，从业人员约 4000 人。见表 3－9。

表 3－9　天津市主要药妆品生产企业

企业名称	获审批药妆品数量	企业名称	获审批药妆品数量
天津奥莉天然化妆品有限公司	26	天津盛世永业科技发展有限公司	19
天津郁美净集团有限公司	14	天津市化妆品科学技术研究院有限公司	13
天津普兰娜天然植物化妆品集团有限公司	10	伊势半（天津）化妆品有限公司	9
天津凯思化妆制品有限公司	6	天津市庆威生物科技发展有限公司	6
天津天狮生物工程有限公司	6	天津市汇丽精细化学公司	4

（三）家庭保健医疗器械生产、经营领域

据不完全统计，京津两地大小规模家用医疗保健器械生产企业 1200 余家，经营企业（店）8000 余个，从事销售的专兼职人员有 9000 余人，见表3－10。

表 3－10　天津市部分家庭保健器械生产企业

企业名称	代表产品	企业名称	代表产品
天津市益菌堂科技发展有限公司	远红外磁性足骨保护鞋垫	天津市百福康保健用品有限责任公司	远红外磁能量枕
天津市祥康保健用品科贸有限责任公司	远红外通络磁宝	天津市天波广告传媒有限公司	元气袋
天津美商本草医药科技有限公司	远红外线护腰	天津天狮生物发展有限公司	保健器材
天津展图科技有限公司	足浴按摩器	天津市完美科技发展有限公司	远红外保健护具
天津自然康科技有限公司	保健功能服饰	天津贯康科技发展有限公司	磁能裤

续表

企业名称	代表产品	企业名称	代表产品
天津世济生物工程有限公司	墨脱养生杯	天津市祥康保健用品科贸有限责任公司	远红外磁性矿植物耳孔枕
天津市健瑞生物技术有限公司	动磁能量鞋	德中利德（天津）生物科技有限公司	多元磁性寝具
天津市富田保健用品有限公司	磁疗内裤	天津市正和宜保健用品有限公司	磁疗远红外系列护颈、护膝等护具

在《天津市生物医药产业发展"十二五"规划》中确定大力发展大健康产业。产业规模：到 2015 年实现工业总产值 210 亿元。发展方向：加快开发第三代保健食品，加强对功能低聚糖、不饱和脂肪酸、植物蛋白、膳食纤维、益生菌以及海洋功能性食品的开发。推动行业标准制定，构建研究开发、成分评估、GMP 生产、安全检测等公共平台建设。发展重点：开发以维生素、矿物质补充为主的保健品，积极拓宽产品线，形成相关保健品系列产品，同时发展保健酒、保健食品等相关产业；积极发展适应普通群众消费的维生素、钙质补充产品；利用中药材和海洋资源，开发基于植物源提取物的保健品及海藻胶、海藻多糖、鱼肝油等海洋保健产品。

任务二　保健品行业部分企业介绍

一、山东东阿阿胶股份有限公司

山东东阿阿胶股份有限公司前身为山东东阿阿胶厂，1952 年建厂，1993 年由国有企业改组为股份制企业。1996 年成为上市公司。截止到 2012 年底有员工 6000 多人，总资产 53.26 亿元，生产、经营中成药、保健品、生物药等产业门类的产品百余种，远销东南亚及欧美市场。公司系国家级高新技术企业，率先在同行业通过 GMP、ISO 9001 质量认证体系、

ISO 14001 国际环境体系三认证。连续四届蝉联中国药品品牌榜补益类第一名，第二届中国最具竞争力医药上市公司20强。东阿阿胶在国内十大补血品牌中"第一提及率、最常服用率、尝试率、品牌忠诚度等7项指标高居榜首。荣获全国中药行业排头兵，全国信息化融合50强，最佳雇主企业，国家综合性新药研发技术大平台（山东）产业化示范企业，全国科普教育基地，中国医药质量管理明星。主要保健食品有阿胶补钙软胶囊、阿胶磷脂软胶囊、阿胶软胶囊、阿胶维生素 E 软胶囊、阿胶西洋参软胶囊、阿胶养颜软胶囊、东阿阿胶片等。

二、汤臣倍健

汤臣倍健创立于 1995 年 10 月，2002 年系统地将膳食营养补充剂引入中国非直销领域，并迅速成长为中国膳食营养补充剂领导品牌和标杆企业，是中国保健行业第一家 AAA 信用等级企业。多年来，汤臣倍健一直执行"三步走"的差异化全球品质战略，从全球原料采购到全球原料专供基地建立，再到全球自有有机农场建立。截至 2011 年底，汤臣倍健原料进口比例达到 73.35%，这个比例还在不断扩大。2012 年 6 月，汤臣倍健珠海生产基地第三期厂房落成，不但在产能和硬件上成为亚洲最先进的膳食营养补充剂专业生产基地之一，而且率先在行业内以更加透明的方式公开原料和生产过程。主要产品有大豆磷脂软胶囊、大蒜精油软胶囊、蛋白质粉（桶装）、多种维生素矿物质片（孕妇型）、钙镁咀嚼片、葡萄籽维生素 C 加 E 片、灵芝孢子粉胶囊等近百种保健食品。

三、珍奥集团

珍奥集团创立于 1996 年，是国家火炬计划重点高新技术企业，其商标是中国驰名商标。公司以"立足生命科学，造福人类健康"为宗旨，运用现代生物技术，从事核酸类生物制品、食品、保健品、药品、功能纺织品及化妆品等健康相关产品的研发、生产和销售。2003 年经国家工商总局核准，正式组建集团，下辖大连珍奥药业有限公司、福建珍奥核酸有限公司、上海珍奥生物科技有限公司、大连珍奥进出口公司、大连双迪生物科技有限公司及珍奥生物工程有限公司六家子公司。珍奥集团总部位于大连市双 D 港，总占地面积近 70 万平方米。现有药品、保健品、食品、化妆品、功能性纺织品、医药中间体及营养食品原料、健康整水系统、医疗器械、动植物生长剂等 9 大系列 400 多个产品，涵盖生物工程五大技术即发酵工程、酶工程、细胞工程、基因工程、蛋白质工程的相关核心技术；涉足生物产业中生物制药、生物制造、生物制品、生物农业领域。

四、深圳市东盛保健品发展有限公司

深圳市东盛保健品发展有限公司系香港友邦国际投资集团麾下的一家集专业高科技生物产品开发、研制、销售为一体的大型企业。公司成立于 2002 年，开发了 15 个系列高科技保健食品，其中 11 个系列产品先后获得了保健食品批准证书，7 个系列产品获得专利证书。2004 年，通过了保健食品 GMP 认证，为企业更快、更好地发展奠定了基础。

五、顺德康富来保健品有限公司

顺德康富来保健品有限公司是香港康富来集团健康产业的主要组成部分，公司自 1995 年成立以来，坚持以"科技服务健康"为宗旨，始终保持求实、创新、奋进的企业精神，开发生产高科技健康产品。2001 年投资 6000 万元建造占地 6 万多平方米的全国首家符合保健品食品 GMP 国际标准的大型综合性先进生产厂房、办公区和生活区，同时首家实施国际通行的 HACCP 的高水平生产管理标准。2002 年集团成为首家通过 GMP 认证的保健品食品企业，2004 年康富来药业通过药品 GMP 认证。目前生产有保健食品 40 余种，如健脑产品康富来洋参含片，高档补血产品血尔口服液等。

六、安琪酵母股份有限公司

安琪酵母股份有限公司位于宜昌生物产业园的安琪纽特保健食品 GMP 生产线占地 4 万平方米，是华中地区规模最大、现代化程度最高的保健食品 GMP 生产基地。该生产线采用高品质的生产设备，全机械化操作的瓶装生产线、国内最好的提升混合机、无尘粉碎生产线等，可以生产硬胶囊、软胶囊、片剂、颗粒剂、粉剂、口服液等多种剂型。产业园设置有严格的品质控制系统，中心化验室设置了红外、原子吸收等大型仪器室、微生物检测室、化测室、普通仪器室、标准品配置室、有机和无机试剂室及包材检验室等，从原材料到成品，每一步均严格控制、检测，确保产品品质的稳定与纯净。作为专业的保健食品生产企业，公司拥有20多年的保健食品研发、生产经验。安琪纽特保健食品作为安琪酵母的重要业务单元，依托酵母领域的技术优势，相继开发了以酵母为载体的营养酵母、即食酵母、酵母锌、酵母硒、酵母铬、酵母多糖、酵母B族维生素片和超微生物钙、大豆异黄酮、钙镁片等国际领先的营养健康产品。

七、杭州海王生物工程有限公司

杭州海王生物工程有限公司是国家高新技术企业，是深圳市海王生物工程股份有限公司旗下的子公司。公司拥有天然维生素E软胶囊、深海鱼油软胶囊、大豆磷脂软胶囊、芦荟软胶囊、螺旋藻片、B族片、钙滴剂、螺旋藻软胶囊、褪黑素软胶囊等保健食品60余个。拥有包括姜汤、针叶樱桃维C压片糖果、乳矿物盐压片糖果、蓝莓软糖、胶原蛋白软糖等在内的功能食品共200余个。

八、天津尖峰天然产物研究开发有限公司

天津尖峰天然产物研究开发有限公司是由上市公司浙江尖峰集团1999年在天津投资兴建的生物高新技术企业，系国内最大的葡萄籽提取物生产厂家，专业从事葡萄籽提取物（原花青素95%）的研究开发和生产，同时生产大豆异黄酮、苹果多酚、红景天提取物、白藜芦醇、黑豆皮提取物、千层塔提取物等天然产物，拥有多项国内专利。先后获得"美中国际合作交流促进会中国合作企业"、"天津新技术产业园区高新技术企业"等殊荣，取得了自营产品出口权，市场知名度不断提升，产品远销世界各地，深受客户的信赖。公司汇集多名资深植物化学专家，建立了独立完善的研发中心，配备了先进的生产、检验仪器，设置了系统的检测机构，严格规

范和管理生产，建立起完善的质量管理体系并通过了 ISO 9000、HACCP 认证，2003 年正式建成中国保健科技学会的保健原料生产基地。2005 年设立博士后工作站。2009 年 3 月投资组建了天津市壹杯红生物技术有限公司，该公司是专门从事食品及保健品研发与制造的企业，满足保健品生产的各种需求，并于 2010 年 6 月成功取得"全国工业产品生产许可证"暨"固体饮料类 QS 证书"。天津壹杯红公司已开发的产品包括：原花青素美容胶囊、葡萄多酚胶囊、复合葡萄粉系列健康饮料（魅力源、冲力源、活力源、畅力源）等。

九、安利（中国）

安利是美国最大的著名直销企业，总公司位于美国密歇根州大急流市亚达城，于 1959 年由杰·温安洛和理查·狄维士创立。主要经营日用消费品，涵盖了纽崔莱营养保健食品、雅姿美容化妆品、个人护理用品、家居护理用品和家居耐用品等系列。

安利（中国）1992 年在广州投资建厂，1995 年正式营业，在中国广州经济技术开发区拥有占地 14.1 万平方米的花园式工厂，容纳 31 条生产线，年产值超过 300 亿元。截至 2013 年年底，已经在全国设立了 34 家分公司、2604 个销售服务网点，2013 年中国市场销售额达到 293 亿元人民币，占安利全球市场销售额的 40%，营养类产品销售额占比例最高。安利（中国）植物研发中心已于 2013 年 10 月在中国无锡奠基，第二生产基地也在建设中。位于上海的安利品牌体验中心将于 2014 年投入使用。

十、如新（中国）公司

如新公司是美国一家生产个人保养品及营养品的公司，1996 年在纽约上市。1984 年于美国犹他州普罗沃市成立，是全球最大且发展最迅速的直销公司之一，业务遍及亚洲、美洲、欧洲、非洲等 48 个市场，2003 年正式进入中国，在北京和上海拥有两个科研中心，在中国内地有 5 个生产基地，2006 年 8 月，如新（中国）日用保健品有限公司获得"直销经营许可证"。2013 年在中国内地所创造的市场业绩为 64 亿元，在所有直销企业中名列第七，增长率 139.7%。在中国直销企业业绩增长量龙虎榜中排名第五。

十一、无限极（中国）有限公司

无限极（中国）有限公司（原南方李锦记有限公司）是李锦记健康产品集团成员，成立于 1992 年，是香港百年民族品牌"李锦记"旗下的全资子公司。无限极（中国）致力于开发、研制、生产及销售传统中草药健康产品，现已成功研发生产出五大系列，六大品牌，近 70 款产品，包括：健康食品、护肤品、个人护理品、家居用品、养生用品。无限极（中国）在广东新会投资累计 4.6 亿元人民币，设立了大型现代化生产基地，并通过 ISO 9001：2008、ISO 22000：2005、HACCP、保健食品 GMP 四项认证，30 款产品获得中国伊斯兰教协会颁发的清真认证，生产设备与技术均达到国内领先水平。

十二、康宝莱（中国）公司

康宝莱国际公司英文名字 Herbalife，总部设在美国洛杉矶。康宝莱中国总部设立在上海，公司员工达 2000 多人，在全球 68 个国家和地区设有分公司。康宝莱在海外采用直销模式销售产品，是全球主要的直销企业之一，在全球拥有 160 万销售人员，销售近 300 种保健产品。在中国生产和销售的产品是以蛋白混合饮料为主的体重控制产品以及各类营养保健产品、个人护理产品共 20 多种。所有保健产品均符合美国 GMP 标准，并获得国家卫生部门注册、批准生产、销售。

十三、天狮集团

天狮集团由李金元先生组建于 1995 年，1998 年初挺进国际市场，目前已经摸索出了一条符合自身发展的国际化道路，业务渠道辐射 190 个国家和地区，在 110 多个国家和地区建立了分支机构，在国内注册了 34 家省级分公司和 100 多家二级分公司，下设近 5000 家专卖店。天狮牌系列产品在全球拥有 1600 万人的稳定消费群体。天狮集团开发了包括保健食品、个人护理、家居用品、美容化妆、保健器械在内的五大系列近 200 种产品。

集团从德国、美国等引进了先进的生产设备和工艺，通过了 ISO 9001：2000 国际质量体系认证，下属公司通过了国家药品和保健品 GMP 认证。企业拥有两项国家级发明专利，多项生产技术、工艺位居国内外先进行列。2008 年，经全球知名品牌价值评估机构——世界品牌实验室（WBL）的权威评估，天狮集团以品牌价值 77.39 亿元位列本年度"中国 500 强最具价值品牌"保健品行业第 1 位。天狮集团创新研发的营养保健食品、美容护肤品、保健用品、家居用品等多元化产品，为全球 2000 多万个家庭的稳定消费群体带来高品质的生活。

项目四　就业前景

【学习目标】

知识目标：了解本专业的就业方向及发展前景。

技能目标：职业规划的意识，对未来的信心。

任务一　认识毕业后的升学、就业道路

学生从保健品开发与管理专业毕业并取得相应的职业资格证书以后，可直接进入企事业单位就业，也可升入其他院校深造，部分学生也可参加大学生村官、大学生参军、报考公务员等其他项目。具体介绍如下。

一、直接就业

保健食品开发与管理专业毕业生可以面向医药、保健品、食品等领域相关行业的企业就业。例如天津市及全国的医药生产企业、医药流通企业、保健产品生产和流通企业、医疗机构等从事保健品和药品的生产、检验、储存保管、销售、采购、使用指导等方面的工作，也可从事养生保健咨询和行政管理类的工作。经过专业拓展，就业面较广，经过努力可取得成就升入更高一级的职位。

二、升学深造

本专业毕业生可以选择进入本科院校进一步学习深造，成绩合格可以获得相应学历学位，也可参加硕士研究生教育考试，继续获得本科以及更

高层次的教育学习机会，提高学历层次，对应的专业有经济管理、经济学、管理学、连锁管理、药品等。

目前进入本科院校深造的途径主要有三条：自考升本、成考升本和高职升本。除此之外，一些省市对专科毕业生升本有鼓励政策，例如，在天津市，参加技能大赛获得一等奖可以免试升本。

本专业学生毕业后，可参加高一级相应工种的专业培训，取得相应的技能等级资格。

三、其他途径

除了直接就业、升学深造以外，毕业生还可以自主创业或是选择参军入伍、考公务员或选调生、参加"三支一扶"计划、"大学生志愿服务西部"计划等。

自主创业：国家鼓励和支持高校毕业生自主创业。对于高校毕业生从事个体经营符合条件的，将给予一定的优惠政策，毕业生可以向所在学校就业中心、学工部咨询。

大学生参军入伍：国家鼓励普通高等学校应届毕业生应征入伍服义务兵役，高校毕业生应征入伍服义务兵役，没有专业限制，只要政治、身体、年龄、文化条件符合应征条件就可报名应征。毕业生在服役期间享有一定经济补偿，服役期满后可在入学、就业等方面享有一定优惠政策。每年4月至7月开展预征工作，毕业生可以向所在学校就业中心、学工部、人民武装部咨询。

公务员：大学毕业生可以参加国家或地方公务员考试，两者考试性质一样，都属于招录考试，但两个考试单独进行，相互之间不受影响。国家公务员考试一般在当年年底或下一年年初进行，地方公务员考试一般在3~7月进行，考生根据自己要报考的政府机关部门选择要参加的考试，一旦被录取便成为该职位的工作人员。具体公务员政策可参看国家公务员网的相关政策。

"三支一扶"计划：大学生在毕业后到农村基层从事支农、支教、支医和扶贫工作。该计划通过公开招募、自愿报名、组织选拔、统一派遣的方式进行落实,毕业生在基层工作时间一般为两年,工作期间给予一定的生活补贴。工作期满后,可以自主择业,享受一定的政策优惠。毕业生可以向所在学校就业中心、学工部咨询。

"大学生志愿服务西部"计划:国家每年招募一定数量的普通高等学校应届毕业生,到西部贫困县的乡镇从事为期1~3年的教育、卫生、农技、扶贫以及青年中心建设和管理等方面的志愿服务工作。该计划按照公开招募、自愿报名、组织选拔、集中派遣的方式进行落实。志愿者服务期间国家给予一定补贴,志愿者服务期满且考核合格的,在升学、就业方面享受一定优惠政策。毕业生可以向所在学校就业中心、学工部咨询。

任务二 认识毕业后的职业道路

一、毕业后的职业道路

毕业伊始,作为岗位实习生进入到某一单位,后续常规的职业发展道路如图4-1所示。

图4-1 常规的职业道路示意图

该路径是毕业生常规的职业道路,以顶岗实习学生或毕业生身份进入企业,从事某一岗位或轮岗工作,这是毕业生熟悉工作岗位、工作单位的阶段。待正式毕业后,可以进入企业的试用期,成为实习员工,这一阶段仍是毕业生熟悉工作、企业和毕业生进行双向选择的阶段。试用期结束后,毕业生成为企业的正式员工,从事某一特定岗位的工作,通常从最基层做起，这样不仅可以掌握较全面的知识，可以积累丰厚的经验，对于日后从事销售或管理工作奠定扎实的技术功底，而且，这样的职业路径也符合毕业生的知识结构、技能水平和目前自我提升的准备情况。当锻炼到具有一定工作能力，积累有一定工作经验，创造有一定工作成绩时，可以逐步晋升，逐渐从普通员工成长为企业骨干，再成长为企业"顶梁柱"。

职业不是一成不变的，个体职业生涯是一个循序渐进的发展过程，是个体在职业领域中不断学习与进步的过程。在职业发展的过程中，个体要想进步就要不断学习，为实现职业顺利发展创造条件；要加强自我职业生涯规划管理，保持职业发展有一个良好的方向。

二、大学生的职业发展

（一）做好终身学习的准备

教育学家康内尔曾说："现代社会，非学不可，非善学不可，非终身学习不可"。如果一个人一年不学习，他所拥有的知识就会折旧80%。一个人比另一个人水平高、能力强，在很大程度上，是他拥有更多的信息，能够站在更高层次上用不同的视角看待问题、拥有更多解决问题的途径。而这些能力的根源，都来自丰富广阔的知识学习。

对于大学毕业生来说，从小读书一直到大学毕业，很多人会持有这样一个看似自然的想法，读完大学书就算读到头了，参加工作则意味着学习生涯的终结。事实上，这样的观点既片面，又狭隘。正如"读到老，学到老"，虽然这句话非常的通俗浅显，但却是不争的真理，对于个人的职业发展来说也是如此。社会在不断发展变化，职业的结构、内容和用人要求也在不断变化，而个人的职业意识、职业素质以及知识能力必须通过学习才能提高。大学教育固然重要，但毕竟只是一个短暂的阶段，大学毕业之后的延伸学习和重新学习，对于选择及重新选择职业岗位和取得职业成就，无疑具有更重要的意义。尤其是在当前的知识经济时代，获取知识、运用知识和创新知识的能力是一个人成功的重要因素。善于学习、有较强的学习能力和思维能力的创新型人才，才是知识经济时代的强者。

虽然我们都认可"活到老，学到老"的说法，也能认识到不断学习对于自己适应职业的重要性，但更为关键的是要把终身学习的观念落实到实际行动中来，要合理进行有关终身学习的计划安排，要培养终身学习的好习惯。一份成功的学习计划应包括以下原则。

第一，要有清晰的人生蓝图。如果一个人连自己想要什么、想成为什么都毫无感觉，那么必然也搞不清自己应当学什么，怎么学。

第二，要有激励。终身学习不同于短时间的学习，更多的是需要一个人的意志力和持久性，因此制定一些能够自我激励的方法不失为督促终身学习的好助手。

第三，要明白自己的弱势。终身学习的内容已不单单是知识的学习，更多是要学习如何更好地在职业和社会中求发展，所以必须明确自己在工作中的各种劣势，从而有目的有方向地进行学习，逐渐将自己的劣势发展为优势，发挥自己的最大能力。

最后，要重视阅历和观摩。与学生时代的学习不同，终身学习更多伴随的是阅历的增加，视野的拓宽，要注意实践历练。同时，在终身学习中一定要学会广结良缘、寻找榜样。"独学而无友，则孤陋而寡闻"，学习不是一个人孤芳自赏，更多的是与身边的人沟通、交流，向有经验的前辈请教，如此才能较快地学到真本事。

（二）强化职业生涯规划管理

在前面的内容中我们已多处介绍了关于职业生涯规划的内容，大家也了解了尽早制定职业生涯规划的重要性，但制定职业生涯规划只是成功的职业发展的一个必要条件，仅此还不够，还要善于对职业生涯规划进行管理，才能保证成功的职业生涯发展有充分的条件。在职场上，就一个组织而言都会对自己的员工进行职业生涯管理，通过对员工职业生涯的主客观因素进行分析、测定和总结，使得员工的职业生涯目标和组织发展的战略目标相一致。而对于个体来说，要尽可能了解自己所在组织的职业生涯管理模式，要根据自己的兴趣、能力和个人发展目标有效地管理自己的职业生涯规划，使自己和组织目标协调一致、共同发展。

1. 适时进行自我评价

适时进行自我评价是职业生涯规划管理的一个重要内容。生活中我们常常发现，很多大学生在毕业前已拟定了非常具体的职业生涯规划，但是在以后的职业生涯发展过程中却一味跟着感觉走，结果会慢慢地会偏离自己当初的职业生涯规划，使职业生涯发展变成了盲目的发展。所以，在职业生涯发展过程中应适时将自己的职业发展状况与职业生涯规划进行评价，及时调整行为或更改规划目标，使自己的职业生涯发展有规划而非盲目。

美国惠普公司员工从多个角度对自我的职业生涯规划与管理进行评价，这些自我评价和管理的方法可以为我们提供一些参考。①撰写自传。通过写自传的方式了解和反思自己在生活中发生的事情、工作的转化以及未来的计划等。②通过问卷量表的形式，了解自己所愿意从事的职业、喜欢的课程以及在理论、经济、审美、社会、政治甚至是宗教信仰方面的价值观，思考自己的职业生涯规划是否与当下的价值观和个人意愿相匹配。③24 小时日记的方式，记录一个工作日和一个非工作日的活动，全方位地对自我进行检查。④与两个重要人物面谈。可以与自己的朋友、配偶、同事或亲戚谈谈自己的想法。⑤生活方式描写。以言语或者图画的形式将自己当下的生活状况转达给他人或是自己。

2. 时间管理

时间管理是职业生涯规划管理中最为关键的一个项目。一位世界知名的企业家曾经在《财富双周刊》上提到："对我们大部分而言，我们必须下达的最重要决策就是如何去使用自己的时间。对我来说，我就不会将自己的时间花在需要很多生产劳力而成果却平凡无奇的事情上面。而且，只要我能找人去做的事情，我绝不会自己去做。"对时间的管理实际上就是对资源和对自我行为的管理，因为只有管理好自己的工作、生活时间，才能更好地提高效率，将有限的生命发挥到最大潜能。

要想管理好自己的时间，一定要讲求一些策略。首要的就是设定时间使用标准，计划好做每件事情的时间，对每天的时间安排进行管理。其次就是要找出最重要的事情来。有研究者曾经提出，真正重要的有意义的事情只占所有使用时间的20%，而剩余的80%的时间往往都使用在了一些次要的琐事上。所以，要想有效利用和管理好自己的时间，一定要区分出哪些事情重要需要尽快解决，而哪些事情只是次要的可以不予理会的。最后，在区分主次之后就要找出正确的做事顺序，其顺序依次应该是重要而紧急的、重要但不紧急的、紧急但不重要的、不紧急且不重要的。

（三）职业规划调整

人生道路不是一成不变的，职业发展也是如此。成功的职业发展路程不仅仅是实现自己最初的职业生涯理想，更应当是能够顺应社会和职业的发展要求，灵活变动以求最优的结果。在职业发展过程中，很多因素会导致职业生涯的改变甚至是重新选择，包括个体的主客观因素以及社会和职业的原因。例如，当兴趣志向发生了转变，或教育深造所产生的变动，家庭环境的变化，工作环境的改变等。在这种时候，就需要我们对先前的职业生涯规划进行适时调整和修改。这种调整可以是对职业的重新选择，也可以是对职业生涯路线的改变，或是阶段目标的一些修正，或是变更实施措施等。

对于职业生涯规划调整，要根据个人意向和环境需要而决定。而且调整要遵循一定的法则，第一反应应当是修正计划而不是目标；当修正计划无法达成目标时才应考虑修正目标达成的时间；当延长时间和降低要求都不能实现目标时则要考虑放弃目标而重新设定新的目标，但是无论怎样调整，通过不断地评估和修正，最终的职业生涯规划应该是更成功的、更加适合自己职业发展的。

总而言之，每个人都有属于自己的职业发展道路，道路的崎岖蜿蜒或是平坦宽广并不是决定一个人人生发展的根本因素。只要能够在心中坚守自己最初的梦想，并且沿着这条梦想道路不断学习、不断进步，才会真正成为人生的最大赢家。最后送给大家一句人生座右铭：别看我一时，请看我一生，只有放弃的人，没有失败的人，生涯路上永不服输。

任务三　认识保健品开发与管理专业的特殊就业途径

一、了解保健品代理商

（一）什么是保健品代理商

保健品代理商（agent）是代保健品生产企业打理生意，而不是买断企业保健品，是保健品厂家给予商家佣金额度的一种经营行为。所代理的保健品所有权属于厂家，而不是商家。因为商家不是售卖自己的保健品，而是代保健品生产企业转手卖出去。所以"保健品代理商"，一般是指赚取保健品企业代理佣金的商业单位。代理工作也称商务代理，是在其行业惯例范围内接受保健品生产者委托，为他人促成或缔结交易的经营性工作。代理经营的特点如下。

（1）职责主要是为保健品生产者促成交易和缔结交易。

（2）必须固定地从事受保健品生产者委托的活动。

（3）是独立的商事经营者，赚取佣金（提成）。

（4）经营活动受保健品供货商指导和限制。

（5）保健品流通渠道包含以下过程

①保健品制造商→保健品总代理→保健品一级代理→保健品经销商→消费者；

②保健品制造商→保健品总代理→保健品一级代理→保健品二级代理→…→保健品经销商→保健品分经销商→消费者。

（二）代理商类别

保健品代理商主要分为保健品总代理、区域与分品牌代理、总代理自己建立的省级分公司等。

1. 保健品总代理

总代理又称全权代理，是在市场上作为被代理人全权代表的代理商。

这种代理商有权处理本人日常业务或专业活动中随时发生的事务，也有权以委托人的名义从事一般性活动。

2. 保健品独家代理

独家代理是一种狭义代理人概念，指通过协议规定保健品代理人在特定地区、特定时期内享有代理销售某种保健品的专营权。其业务限于商业活动，具有垄断性。

3. 一般保健品代理商

在同一地区、同一时期内，保健品生产企业可以选定一家或几家代理商作为一般代理人，根据销售业绩支付规定的佣金和补偿费用。

4. 单一商号保健品代理商

指仅为一个单一的保健品企业主从事代理活动的代理商，其经营效益首先取决于企业主提供的业务情况，对企业主有很大的依赖性。

5. 保健品区域代理商

指在一定区域或一定的消费集团内从事保健品代理活动。此种不排除保健品企业主自己在该地区内缔结交易或由第三人促成交易的可能性与合法性，即使未参与，对于与保健品企业关系规定的应由他代理的区域或消费集团成员所缔结的交易，代理商同样享有佣金请求权。

6. 特许保健品代理商

指被授予特许经销权或优先经销权的、从事独立商行为的商人。

（三）代理授权

其作法是由保健品生产企业与代理人签订代理协议，授权代理人在一定范围内代表他向第三者进行保健品买卖或处理有关事务（如签订合同及其他与交易有关的事务等）。代理人在保健品生产企业授权范围所做的行为所产生的权利和义务，直接对保健品生产企业发生效力，即代理人是在授权范围内以保健品生产企业的名义行事。代理双方属于一种委托和被委托的代销关系，而不是买卖关系。代理商在代理业务中，只是代表保健品生产企业招揽客户、招揽订单、签订合同、处理保健品生产企业的货物、收受货款等并从中赚取佣金，代理商不必动用自有资金购买商品，不负盈亏。代理双方通过签订代理协议建立起代理关系后，代理商有积极推销商品的义务，并享有收取佣金的权利，同时代理协议一般规定有非竞争条款，即在协议有效期内，代理人不能购买、提供与委托人的商品相竞争的商品或为该商品组织广告；代理人也无权代表协议地区内的其他相竞争的公司。

（四）保健品代理商的作用

保健品代理商的建立，可以分担厂商的风险，使厂商与代理商共同拉动保健品市场从而降低厂商的经营风险。在代理商的层次上，除设立总代理外，代理商还可以根据厂商的渠道模式，下设一级代理或区域代理并同时与终端销售商合作。这样，代理商从简单的分销转换成具有管理职能的渠道维护者，除业务管理外，代理商同时具备品牌管理、促销管理、服务对接、财务管理等各项职能。

代理制和经销制也能互相渗透，各类销售渠道的主要区别在于代理商或经销商层级的增多。厂商对于代理商和经销商的管理主要侧重于价格和货源的管理，对于人员培训及广告等还会提供一些支持。对于代理商和经销商而言，其利润则主要来自于销售利润、返利、售后服务等。

（五）保健品代理商如何选择代理的产品

国内拥有众多的医药保健品生产企业，拥有众多的医药保健产品。面对企业琳琅满目的招商，作为医药代理商，该如何选择代理产品呢？

首先，要选择好厂家。研发型厂家一般都是产品的发明人，持有产品专利、批号的该类厂家的产品一般保健效果都非常好，对产品十分爱惜，有很强的产品自恋情绪，能够从长期利益考虑市场运作，并能与代理商真诚合作。此类厂家招商，基本上都是为了促使产品在全国市场上完成网络渠道建设，是代理商选择合作时安全系数最高的厂家。同时，这类厂家营销能力较差，代理价格偏高，代理条件也比较苛刻。如果此类企业能够聘用医药保健品业界的职业经理人，或聘用业界有实战经验的营销企划决策人，那么这类企业就是代理商合作的首选对象。研发型厂家又分为大、中、小型厂家。中、小型厂家的代理价格及条件比较优惠。营销型厂家是企划能力较低的代理商所喜爱的，这类厂家的产品有明显差异化的卖点，但是需要仔细识别其卖点是否客观、是否有足够的支撑。营销型厂家对自己的营销方案及卖点也有自恋情绪，但其所提供的方案及卖点不一定适合当地市场。总经销型企业介于研发型厂家及营销型厂家之间，被称为"招商专业户"，这类企业一般都能提供一个完美的市场启动方案。选择这类企业一定要慎重，除非你有很强的企划能力及营销能力，否则平安系数很低。也许过几个月，等全国市场极度萎缩，很多承诺就不能兑现，没有写进合同中的口头许诺更是没有保证。总经销型企业可能存在 3 个危险因素：一是产品的原生产厂家实力很弱、人才匮乏，或者产品无市场开发价值，否则生产厂家不会轻易将一个好产品"卖"给别人。二是总代理买断该产品的总经销权之后，最大的愿望就是快速进行资金回笼，不从良性经营及长远角度考虑。三是产品生产厂家与总代理之间是简单的金钱关系，没有战略合作，很容易瓦解。生产型厂家有很多产品等待招商，产品数量少则几十种，多则百余种。这些产品涉及多个治疗领域，有的与市面上流行的品牌很相似。当然，保健品市场，代理商存活与发展的主要条件还是产品及自身的能力。实际上，没有任何一个厂家能保证其麾下的代理商100%可以存活并发展，也没有任何一个厂家旗下的代理商100%亏损。优秀的代理商做任何一个正规厂家的产品都可以获得很好的利润，原因就是自身的代理能力强。

其次，看产品保健效果和宣传力度。再来看看产品保健效果与宣传成本之间的关系，任何一个代理商签署代理合约之后，都要进行市场运作。医药保健品市场运作最重要的因素之一就是宣传。产品宣传包括广告及终端拦截等战术，而好的产品在宣传过程中是事半功倍的，所以在代理产品这个环节上，要考虑产品保健效果问题。产品保健效果的好坏，将直接影响到宣传本钱。因此，产品保健效果是代理商选择产品的关键，保健效果好的产品会增加回头客，也容易形成口碑传播。上海一家公司代理了一种美容类保健品，以一零扣进货，但产品效果不显著。这家企业的老板把利润空间看得比保健效果更重要，结果虽然自己拼命推广告、搞促销，每个月都有新顾客，但却没有回头客，因为产品保健效果不显著。宣传促销一停销售量就会下滑。为了上量，这家代理商每个月都必须做宣传，搞促销，企业获得的收益并不高。广州一家公司的老板发现一种治疗类风湿的产品效果很好，于是就代理了这个产品，但代理价格为三五扣。老板认为，此产品虽然利润空间小，但患者一定会接受它，回头客一定多。于是不惜花资金进行前期推广，结果从第二个月起就实现了赢利，并且回头客很多，产品销量直线上升，企业也省去了连续做广告、搞促销的费用。当年，这家公司赢利100多万元。

产品保健效果是代理商选择代理产品的一个关键要素。老顾客的回头购买能摊薄宣传成本，口碑传达会使宣传促销作用倍增。因此，代理商在选择产品时，一定要重视产品保健效果。对保健效果不理想或不明显的产品，即使代理价格再低，代理商也不要将它纳入挑选的视线。否则，代理商只会像狗熊掰玉米，掰一个丢一个，劳民伤财，结果经济效益却很差。

（六）如何做好代理商

有的人说做代理只要做两件事：搞定代理权、送货收款。如果做市场只是送货收款，那就和养孩子只是管吃管住一个样——孩子不是喂大的而是养大的。所谓养，就是你要爱他，关心他，教育他，引导他。

父母都关心孩子的体质，代理商则应该关心所辖市场的健康。让市场健康的方法很多，其中不乏高招，有些基本功是不得不练的。

这些基本功可以分为两种，一种是虚的，讲究观念、观点的树立与提高；一种是实的，讲究具体操作的高效率、规范化、专业性。有心的代理应该从虚实两方面去进行自我提高、自我发展。

第一：市场是你的孩子。

你可以对代理什么品牌进行选择，但对市场你是没得选的，你最大的财富、最大的未来是你的市场。市场就是你的孩子。正如你看重的是某品牌的产品、服务，该品牌看重的归根结底却只有一点，就是你所在区域的市场。如果有一天你在你的区域市场上不再有优势，品牌可能就会移情别恋了。

既然市场是你的孩子，就需要你去管他、爱他、呵护他。如果不管你的孩子，他会变成野孩子，打架（砸价）、闹事（窜货），甚至认他人为父。子不教、父之过，一切孩子的错，都是你的无能与愚蠢。

要点：

（1）市场是你的——不是任何其他人的，自己的东西自己爱、自己的事情自己管，不要老是奢望别人（厂方、一级代理、）替你搞定什么，也别老是说要别人替你做了什么以后你才去做什么，这和别人给你钱后你才给自己的孩子衣服穿一个样，说不通。

（2）市场是你的孩子——怎么对待孩子，你不能不弄清楚，爱他但不溺爱他，疼他但要管他。

第二：要学习代理品牌的经营理念。

你想交朋友或者要和某某长期共处时，你都会自然而然地去了解对方的脾气、信念和品格。为什么做代理就不去了解代理品牌的经营理念呢？一个企业的经营理念其实和一个人的信念、品格或者说脾气是一样的。

代理商所代理的品牌在这方面是一整套内容的，你做人家的代理你就要尽力去理解、接受、坚信它——本来这是做代理之前应该做的事，但很多时候不是这样，很少有人是因为某个企业的经营理念好才做他的代理的，可矛盾的是，做了代理后才发现，这东西也很重要。就像结婚后才发现对方缺点一大堆，而这些缺点谈恋爱时本来是可以发现的。所以说，别以为取得代理权就是皆大欢喜，这才是代理商与厂方或二级代理与一级代理谈恋爱的开始，你必须去学习、理解对方的思想。

要点：

（1）代理品牌的经营理念和你的脾气一样，你都得去熟悉。

（2）原则也好，理念也好，只有把它们贯彻到行动中才有生命力，这就是它和吹牛皮的区别。

第三：带有强烈的目的性。

成功营销的一个特点是，大至方针政策，小到售点拜访都带有清晰的、强烈的目的。所谓目的性是可以通过做计划实现的。

现代市场营销非常注重计划，如果说做好市场要走10步路，那么，会做计划说明你已走了4步，如果连你的业务员也会做计划，那说明你们已走了6步，剩下的4步就是不折不扣的执行。

如何做计划呢？很简单，每个月填张表（月市场计划表）就行了。具体的业务活动也应有一个清晰的目标，访问目标参考如下。

（1）认识。

（2）建立客户关系。

（3）产品知识培训。

（4）帮助再销售。

（5）提高产品的陈列水平。

（6）客户服务。

（7）进销存的掌握。

（8）建议提高销售的方法。

（9）进行终端助销。

（10）建立良好的关系。

（11）商场主推。

……

要点：

（1）养成每一个动作都带有清晰目的的习惯，就是高效率。

（2）成功就是养成了良好的习惯，形成习惯的办法就是不断地重复。

（3）每个月填张表并不难。

第四：过程最重要。

市场总是以成败论英雄的，但并不意味着过程不重要。如果说结果是一个成品，那么过程就是生产线、生产流程和生产工艺。做市场不是耍魔术，不能无中生有，你不能奢望种下草籽收获金子，也不要想在你家的灶上做出满汉全席来，什么样的过程出什么样的结果，从这个角度看，过程和结果是一样的，都是最重要的。你想要令自己满意的结果，那么，从过程控制开始吧。

怎么做过程呢？

（1）授权。一定要明白，事情只有两种做法，要么自己做，要么别人做。如果是自己做，那么这一段你可以不看，如果需要由别人来做，那么你必须明确：我能不能给他点权力？给他多大的权力？给他权力后会有什么结果？给他权力后我做什么？

（2）工作内容。工作内容来自两方面，一是别人要你做的，如经销商希望你给他什么样的支持，代理品牌或者一级代理要求你在价格、窜货、售点形象做什么样的工作等等；二是你自己想做的，也就是你的期望要求你做的。你可以从这两方面去给业务员设计工作内容。一般情况下，业务工作内容应符合以下条件。

* 要能满足市场的要求

* 要能兼容你的期望

* 可以对它进行考核

* 兼容到短期和长期的利益

* 可以规范化，便于长期执行

（3）标准。有内容做，但不知道做到什么程度，结果一样好不到哪里。所谓没有规矩，不成方圆，工作内容如果得不到考核与评估，那这种工作本身一定是有问题的。要考核、评估某项工作内容，就必须给这项工作内容定个标准，也就是做成什么样子才算好。标准的内容应该有：

* 分销深度

* 分销宽度

* 上柜组合

* 产品陈列

* POP 陈列

* 主推

* 营业员技能培训

（总的来说，不外乎两点：网络的数量与质量。）

这个标准，你可以自己定，实践后再调整。但要注意，一个月内只能有一个标准，你再聪明也千万不要在一个月内调整两次或两次以上标准。

（4）检核。有了标准就可以对过程进行控制，控制什么呢？两件事：检查与核实。就是根据计划与工作内容，参照定好的标准，对业务工作进行检查，如果你的计划做得不错，比如已填好那张表，而且业务员管理也算到位，那你的主要工作就是核查是否属实。

（5）奖罚。检核结果会令你产生满意或不满意的看法和情绪，不管你的看法和情绪怎么样，作为保健品代理商一定要让你的业务员知道你的看法和情绪，当然，表达情绪时要讲究方式方法。

要点：

（1）授权是以了解、信任、宽容为前提的。

（2）一旦授权了，你就要给授权对象一种权利：犯错的权利。

（3）没有标准意味着蛮干，多重标准意味着混乱。

（4）不检查的工作少做为妙。

（5）检查结果一定要公布。

第五：会总结的人才是聪明人。

和聪明相反的是愚蠢，愚蠢有很多种，其中最蠢的是同样的错误一犯再犯，好像不过足瘾不罢休似的。想想，你经常犯的错其实也就那么几个（想犯个很特别的错也是要有点水平的），但为什么你还是经常出错呢。这是因为你在重复同样的错误。不犯同一错误的人，肯定是聪明人。所谓的聪明人并非是不犯错的人，而是犯一个错就不再重复的人。这种人总是犯一个错后，就少一个错，时间一长想不聪明都难。他为什么能做到这一点呢，因为他在做总结、而且会总结。也许你就是这种人，但你的职工是这种人吗？要知道，你的职工犯错也是你的错。所以，你应该有个习惯，开会，开工作总结会。多长时间一次你来定，但至少保证一个月有一次。

要点：总结工作应该成为一种习惯。

第六：业务员的职责。

职责是职位的责任，只要你在这个位置，就得这么做（和个人喜好、意愿、性格没关系）。

业务人员的职责有 10 条。

（1）销售。

（2）回款。

（3）分销（深度、广度）。

（4）上柜组合。

（5）营业主推。

（6）产品陈列。

（7）售点广告助销、POP。

（8）价格。

（9）促销。

（10）经销商之间的协调。

做为保健品代理商如果你的业务员不能承担以上责任，你和他一起反省的时候就到了。

分销（深度、广度）。维持一定数量的分销是十分必要的，过高的分销会增大管理成本和管理难度，过低的分销会降低消费者购买机会。在可接受的成本条件下，让最大数量的人接触到产品，这就是定分销目标的原则。

上柜组合：网络健全了，但上柜不齐全，就好比开了几十家分店但没货卖一样。所以当分销工作做好后，最重要的事就是抓上柜组合。

营业主推：网络健全、上柜齐全，但人家不主推，那等于我们做了个SHOW，好看是好看，但不中用。所以，这一个环节是最重要的，花的工夫也应是最多的。导致经一个经销商主推的原因很多，其中，服务是最重要的。只有长期的、良好的服务才能形成经销商长期的主推，靠让利形成的主推是暂时的。

产品陈列、POP陈列：两个目的，一个是营造售点的销售氛围，二是让几十、几百个售点能发出一个统一的声音，让消费者每到一处得到的信息都是一样的——100个人的声音肯定比一个人的大，重复100遍肯定比重复1遍有效。

价格：太高的售价会减少产品的购买者，令市场萎缩，太低的售价会令经销商利润减少，造成主推降低，客户流失，甚至导致整个网络体系的崩溃。基本的价格政策应该是：不鼓励高价、反对低价。

经销商之间的协调：低价销售、窜货、分销、调价补差、返利与奖励的兑现等等都可能引起某些经销商对另一些经销商或代理商的不满甚至是纠纷，这时候，业务员或者代理老板就应挺身而出，承担起协调责任。协调工作的确很难做，但只要本着公平、公正的原则，一般是能处理的。如果条件好的话，再加上一点无私、奉献的精神，问题就会得到较好地解决了。

要点：

（1）职责是职位对工作人员的要求，人员会流动，职责却不变，也不应该变。

（2）业务员一定要牢记职责，可以脱口说出。

（3）关于职责没什么道理可讲。对于失职行为一定要有严肃的处理。

（4）好的服务换来经销商的主推。

（5）长期的主推就是忠诚度。

（6）靠让利形成经销商的忠诚度是不可能的。

第七：工作流程。

业务工作是通过和客户的沟通来完成的，沟通有其随意性，这也正是沟通的魅力所在。流程不是用来约束业务员工作，而是用来培养良好的工作习惯，对业务工作提供质量保证体系，或者说是用来保证业务员在任何情绪状态下都能有不错的工作表现。业务员工作流程一般如下。

（1）计划/设立目标。

（2）回顾访问。

（3）问好。

（4）检查货架/POP。

（5）了解产品的销售和库存。

（6）调整计划。

（7）向客户决策人介绍和说服。

（8）成交，确立下一步的工作。

（9）对相关人员相应的培训。

（10）道别。

（11）记录、报告、总结。

如果你已经开始按流程办事，那要恭喜你，这对你的客户来说是一件大喜事，说明你已经有一套体系来保证工作质量了。

第八：促销。

促销是经常使用的一种销售手段，熟练掌握促销技巧是一名业务员或市场管理者成熟的表现。也许你常常抱怨促销效果如何如何差、不划算、白辛苦什么的，你知道你为什么会产生这种埋怨吗？

1. 促销目标是你对促销结果不满的最根本原因

有目标才会有比较，有比较才会有差距，有差距才会不满意。一般情况下，促销目标有两种，提升销量和扩大宣传。如果你的目标是提升销量，那么一台机器也没卖出去的促销活动肯定会令你失望；如果你的目标是扩大宣传，那么，同样是一台机器也没卖，这次促销活动可能还是成功的。每一次促销都应有一个明确的目标，这样才有一个努力的方向，你才能客观、公平地评估促销活动，从而让这个工具更好地为你服务。

所谓明确的目标，也就是在一定条件下把目标量化。比如不影响 A 品种的前提下，提升 B 品种 X% 的销量、在保证促销质量的前提下进行覆盖 XX 个地区的巡回现场促销等等。

2. 无促销计划或促销计划不详细

相对正常销售来说，促销是一种特殊的销售，就像皇家警察的特别行动一样，也需要做一个行动计划，用来安排促销物品、宣传品、人员、时间等资源。没计划的促销是什么样的呢？你总会突然发现什么什么又缺了，时间又不够了，东西太浪费了，人多几个该多好……大家都在埋怨、都很累，你肯定不想把事情搞成这样，那你在做促销前就做个计划吧。

计划内容应该符合以下条件。

（1）目标单一且量化。

（2）促销主题：在一定时间内促销主题要单一、明确；实在不得不做多个主题的促销，也要有个轻重缓急，谁主谁次，切忌遍地开花。

（3）时间具体到日，最好有一个日程表。

（4）地点具体到促销现场，之前要和经销商沟通好。

（5）POP、产品、促销品的数量、发放办法、管理办法及相应的奖罚措施。

（6）场次、现场布置要求、现场促销流程。

（7）人员培训与分组。

（8）促销跟进办法。

（9）结果评估办法等。

3. 准备不充分

可以肯定地说，促销成功的关键在于准备。"三军未动、粮草先行"，断了粮草还能赢的兵是没有的，除了天兵天将。促销前的准备往往决定着促销能否顺利进行、计划是否如期开展、效果是否如你所愿。准备解决的问题如下。

（1）促销品、宣传品、促销产品的数量够不够？

（2）这些东西有没有如期到达销售终端？

（3）到达终端后有没有按规定进行陈列？

（4）现场促销人员够不够？

（5）有没有统一的促销宣讲内容？

4. 该参与的力量没全部参与

除了准备不足外，最让你累、最影响促销效果的就是只有你在忙，许多应该参加进来的人没进来。促销的参与者常常有：厂方、一级代理、二级代理、经销商、业务员和促销员（有时是经销商老板自己），他们各自发挥的作用是不同的。厂方主要侧重于策划、促销品制作、广告宣传；一级代理则是能上能下，大的可以自己策划自己执行，小的辅助二级代理促销的某个环节，但主要是调动二级代理的积极性；二级代理则侧重于调动经销商、业务员、促销员的积极性；业务员和促销员侧重于激发消费者的购买。每一个参与者都做到了自己的分内事，那么这次促销肯定成功。

所以，不要以为陈列好促销品、宣传品、促销产品的售点就已经是在做促销了。跟进促销的工作一定不能马虎，跟进的目的就是让更多的人来拽绳子，让拽绳子的人都用出他最大的力，让用力的人更长时间地用力。

5. 促销结束一定要总结

只要坚持总结下去，终有一天会把总结会变成庆功会。

要点：

（1）促销目标要清楚，而且是每位业务员都应清楚。

（2）促销计划必须做。

（3）不做没有准备的促销。

（4）促销必须跟进。

（5）无总结的促销就像吃鸡只吃肉不喝汤一样。

第九：关注竞争品牌。

消费者不是买你的产品就是买人家的产品，经销商不经营你的产品就经营他的产品，这样竞争就出现了，关注竞争品牌的产品功能、价格、外观，销售政策，促销，人事变动等等，能帮助我们找到对方的弱点，突出我们的优势，保证我们的销售网络的稳定和发展。

在竞争更激烈的区域，就不仅仅是关注了，你应该研究竞争品牌的每一个细节，发现不如我们的地方，设计出处理办法和宣传语言，从而有针对性地进行营销活动，这样才能顶住对手的攻击，或者超越对手。知己知彼、方能百战不殆。

行业的竞争只会越来越激烈，正是如此激烈的竞争使每一个置身其中的人进步得更快。因为竞争使人们更清醒、学习欲望更强烈，目标更集中，对自己的认识更客观。竞争对手就像一面镜子，总是把你的缺点照得清清楚楚，逼着你去改。不去研究竞争品牌的人，要么是懒，要么是太狂妄，被这两点害惨了的人太多了。每个人都喜欢脸上干干净净的，所以才每天洗脸，关注竞争品牌其实就等于是洗脸。

要点：

（1）关注竞争品牌不只是厂方的事。

（2）关注竞争品牌才取得竞争优势。

（3）关注竞争品牌才能成长得更快。

第十：沟通制度化。

沟通就是业务员的工作方式。做不好沟通工作的业务员就像耍不好大刀的关公，是很危险的。在沟通方面，很多人自我感觉良好，真是这样的吗？做为保健品代理商或业务员，你可以测试一下，请回答以下问题。

（1）你有没有一天内和 3 个以上经销商交流（电话交流也行）？

（2）你有没有一个月内和 50% 的经销商交流（电话交流也行）？

（3）你有没有一个月内实地拜访 10 个以上经销商？

（4）你有没有一周内和所有业务员交流（电话交流也行）？

（5）你有没有一个月内和所有业务员面对面交流？

（6）你有没有一个月内单独和两个职工谈心？

答案是"有"的得 1 分，"没有"的扣 1 分，合计得分 4 分算及格。

你及格没有？

要及格其实很简单，两步就行了。第一步解决"知道"问题，也就是你应该知道的东西以及你的经销商应该知道的东西，大家各自知道了；第二步解决"理解"问题，也就是你和经销商坐在一齐，就大家已经知道的东西聊一聊，得出个办法令大家满意或者接受。

做好这两步工作靠你是不行，因为你常常根据你的心情和时间紧张程度来决定做不做，比较随意，一两个月后便不了了之了，靠其他人就更不行了。靠什么呢？制度。

什么样的制度呢？有四小项。

（1）一周召开一次业务员会议。会议要做记录。（要知道，你总结得越多，你做得就会越好）

（2）一个月召开一次工作会议。会议要做记录。（业务员必须人人参加，仓库、售后、财务至少有一个人作代表）

（3）一个月内找一个职工谈心，谈心就是说什么都可以谈。谈心要做个记录。

（4）一天内和三个经销商聊一聊，至少打个电话。

要点：

（1）沟通不仅仅是个人交际，它的核心是信息传递，这和进货、出货是一样的。货发不出去你会急，信息发不出去你同样应该急。

（2）用制度来保证沟通的质量。

（3）两步：知道、理解。

我们可以把做市场工作看成是练武功，先练基本功，再练 18 般武艺，再练绝招，最后自创，自成一体，形成自己的体系和风格——市场营销是有自己的规律的，你可以慢慢来，但不能不去做，现在不做以后也要做，

少走弯路少补课就有希望了。（选自中国医药联盟 www.chinamsr.com）

二、了解保健品直销员

（一）直销与直销员

直销是指直销企业招募直销员，由直销员在固定零售店铺以外的地方（例如个人住所、工作地点或者其他场所），以面对面的方式，通过讲解和示范方式将产品和服务直接介绍给消费者，推销产品的经销方式。

直销员将直销产品直接送到顾客家中或工作的地方，为个别顾客或众多顾客对象详细介绍、示范产品的特点与效能，并一一解答他们的疑问。亲切周到的个人服务令顾客感到称心满意，是直销员的主要工作方式。

（二）直销行业的一般特征

1. 产品低价高卖，消费者难以接受

虽然直销省去了传统流通渠道的中间环节，但是直销公司的产品并不便宜。公司要保证直销员的利润才能调动直销员的积极性，这样就必须把产品的价格拉高。而直销员要把高价的产品推销出去，就要把产品神化，甚至把公司和直销都要神化。消费者发现事实并不如直销员所说的那样就必然会埋怨。经营者发现直销也并不是别人神化的那样，或者发现许多不好的内幕，他们就会受到伤害。

2. 直销员要赚到钱就要不断地推销

世界上95%的人不喜欢推销，而99%的人不喜欢被人推销。这是直销的"销"字致命的缺点。直销员在向顾客推销产品的时候，很多人都会有防备心理，先放一堵墙，以免受伤害。即使买了产品也是给面子而已。以后多找他几次，就开始躲着你。你再找他，就会跟你说，什么事都能谈，就是不能谈直销。很多放弃直销的人，就是很难过这一关。有人问：不销售哪来业绩啊？如果直销员赚不到钱，那就会另谋出路。直销的金字塔是不会从上层开始崩溃的。当市场发展到一定程度，下层的直销员难以赚到钱，就会从下层开始崩溃，而上层的直销员就会面临组织萎缩，收入减少，甚至出现崩盘。

3. 直销员必须送货

直销员不但是高级推销员，而且还是高级送货员、收款员，更是消防队队长（团队成员出问题了要去"救火"）。当有一个很好的顾客牙膏用完了，要求送一支牙膏给他，那送还是不送呢？不送吧，会丢失一个很好的顾客。送吧，花车费不说，还要花时间，花精力。这些送货的时间和精力可以用来做多少更有价值的事情啊。而且有时候把产品销售给老朋友的时候还不好意思开口要钱，出现了欠款，呆账的问题。

4. 容易囤货，产生削价竞争

囤货虽然不是公司和直销员的本意，可是有些领导人会误导直销员囤货。而直销员为了冲业绩，冲奖金，就会囤货。如 A 公司的直销员为了冲奖金，把几千，几万，甚至几十万的货囤在家里。而 N 公司的直销员为了完成业绩考核，被迫囤货。有人说卖得出去叫备货，卖不出去才叫囤货，这句话对。可是很多人囤了货是卖不出去的，资金积压，只有削价出售。削价就会造成市场混乱。直销员不但要面对削价竞争，还可能会面对不知情的顾客的指责，别人打那么低的折，你打那么高的折，说你赚他太多。如果直销员货卖不出去，就要亏一大笔钱。在广州番禺，有一位销售蛋白粉的直销员，家里有钱，为了冲业绩，囤了几十万的货。旧装的蛋白粉没卖完，新装的蛋白粉上市了。旧装的卖不出去，又吃不完，就用来喂家里的小狗，小狗吃了毛色长得特别漂亮。真是可笑、可悲啊！很多直销员在这方面受伤不浅啊。

5. 直销员时刻面临业绩压力

业绩压力有好有不好。好处是迫使直销员努力工作，但是直销的很多弊端也是由业绩压力产生的。在直销的环境里，很多人都很开心，但那是忙得很开心。做直销的目的是为了有钱有闲，可是在业绩的压力下，压得直销员并不能闲。直销员为了完成业绩，用正当的途径完成不了，就会用很多不好的方法去完成，直销的问题也由此产生，不但让直销员的金钱、心灵、信誉、人脉受到了伤害，而且还会伤到别人。

6. 传统直销顾客续购率不高

传统直销，如果每个月的顾客续购率达到25％，那已经是不得了了。

这不是产品不好，公司不好或直销不好，而是没有一套留住顾客的系统。消费者是不忠诚的。消费者只会做给自己最多利益的事情。假如你刚进入一家直销公司，把产品8折卖给顾客，因为你刚加入奖金不高，打8折你已经没赚他钱了。可是这顾客发现有人7折就卖给他，你说他还会8折买吗。如果你也打7折，那你就要亏钱了。假如同样是8折，顾客也会跑去跟另一个关系比较亲密的直销员买。消费者只是消费产品，他不会在这家公司得到任何好处。如果发现有更好的产品，就会跑去买别的公司的产品，顾客就会这样不断流失。

（三）直销员的基本素质要求

1. 健康的身体。

2. 积极乐观的心态；要有耐心，有承受挫折、焦虑、压力的能力。

3. 爱岗敬业，全身心地投入最大的工作热情。

4. 学会倾听，不要打断客户的话，这不仅仅让客户反感而且也是一种不礼貌的行为。学会谦虚地倾听客户的想法，如果客户提出一些疑问或者否定的看法时，不要立即否认客户的看法。

5. 肯学习，且有不断追寻创新突破的决心。

6. 敏锐的观察力和应变力。直销员是一种高收入的职业，但相对来讲，高收入就意味着高专业化、高意志力、高挫折感、高机动性。不具备这几种心理基础的人，最好去干个领固定薪金的"上班族"。

7. 了解专业知识。直销员必须很了解本行的专业知识，可立即回答顾客提出的任何问题，以争取下一次的机会。

8. 提供专业服务。直销员必须能够给顾客提供一系列的服务，让顾客觉得买了你的商品无后顾之忧。

9. 尽量互利互惠。应该尽量本着互利互惠的原则进行交易，尤其在付款方面，尽量给顾客提供方便，例如：支票、分期付款等优惠办法，应事先设想周全。

10. 把握住长期顾客。许多顾客只要觉得第一次交易非常满意，就会习惯性地和这个直销员来往，所以，在交易完成之后，仍要不断做售后服务，才能长期把握住该类型顾客。

11. 要能主动出击。做一个时常主动联络顾客的直销员，要等到"日久生情"时，再将商业关系转变为朋友交情，一旦成为朋友后，事情就会好办得多。

（四）直销员职业道德

1. 遵守国家的各项法律法规，坚持在从业过程中遵纪守法。

2. 遵守公平竞争、公平买卖的市场规则。

3. 讲求商业信誉，在从业过程中坚持诚实守信的信条。

4. 在从业过程中坚持按劳取酬的分配原则。

5. 坚持在从业过程中把国家利益、顾客利益、企业利益摆在自身利益之前，维护国家、客户和企业的正当利益。

6. 热情服务，文明经商。

7. 有市场开拓意识，坚持把零售商品和提供优质服务作为个人营销事业的核心内容。

8. 坚持学习法律知识、产品知识和专业营销知识。

9. 坚持在从业过程中维护公司的品牌形象。

10. 严于律己，认真负责，坚持在从业过程中按照公司的规章制度销售产品和服务、建设消费者群体。

（五）直销员经营守则

1. 直销员只能在其隶属的一个分支机构并设有服务网点的地区开展直销活动，不得跨省、自治区、直辖市经营。

2. 直销员不得与任何其他企业或机构签署产品代理或直销员推销合同，不得从事本品牌以外的任何产品销售工作。

3. 直销员在开展业务时应遵循"健康理论介绍－产品理念介绍－产品推荐－介绍退换货－达成交易－开具发票及售货凭证－提供售后服务"的销售业务流程。

4. 直销员在从事推销工作时，必须向消费者说明身份，并出示"直销员证"及与公司签订的"推销合同"。

5. 直销员在从事推销工作时，未经消费者同意，不得进入消费者住所强行推销产品，消费者要求停止推销活动时，应当立即停止，并离开消费者住所。

6. 直销员应如实地向顾客介绍产品的质量和功能，不得对产品做引人误解的虚假宣传，诱导顾客不冷静购买产品。

7. 直销员必须按照产品上标明的价格向消费者推销产品，严禁违反公司关于产品价格的规定，随意向消费者提供价格折扣。

8. 直销员只能向最终消费者推销产品，未经公司允许，严禁由他人代为推广产品或业务。

9. 直销员不得以任何方式歪曲产品的价格、规格、品质、性能、等级、成分、款式、型号、产地或供应情况等。

10. 严禁将任何有损消费者利益的产品带入销售渠道，应向顾客提供包装完整清洁、资料齐全的产品。

11. 直销员不论何时何地，均不得在从事直销活动中，进行任何与政治或宗教有关的活动，亦不得有个人崇拜、拉帮、结社等行为。

12. 直销员不准以任何方式对公司的职员就其本身职务所必须进行的公务活动，做出诽谤、威胁或恐吓的行为。

13. 直销员务必认真学习《中华人民共和国个人所得税法》，并遵守法律规定，主动、积极、按时、准确地缴纳税款。

（六）直销员应具备的基础知识

1. 相关法律知识

《直销管理条例》、《禁止传销条例》、《中华人民共和国消费者权益保护法》、《中华人民共和国合同法》、《中华人民共和国产品质量法》、《中华人民共和国个人所得税法》、《中华人民共和国反不正当竞争法》等。

2. 业务知识

（1）职业道德，行为规范。

（2）直销风险知识。

（3）健康、保健、营养知识，产品知识。

（4）公司各项规章制度。

3. 相关营销知识

（1）市场营销概述，包括市场和市场营销的概念、直销与传统销售的区别、市场营销观念、市场营销组合等。

（2）目标市场营销的有关知识，包括市场细分、市场选择、市场定位、市场竞争等。

（3）购买心理知识，包括消费者的心理活动过程、消费者的个性心理、消费者的需要与动机、消费者的购买行为等。

（4）销售技巧，包括人员销售基本技能、方法等。

4. 社交礼仪知识

（1）社交的基本原则，包括互惠原则、平等原则、信用原则、相容原则、发展原则等。

（2）基本社交礼仪，包括仪表、举止、谈吐礼仪，介绍、称呼、握手、告别礼仪，通信、电话、赴宴礼仪，名片、留址礼仪等。